みんなが輝くために2

原作・著　梅田 真理

マンガ　河西 哲郎

ー登場人物ー

みんなが輝くために

松平 彩

（まつだいら あや）

通級指導教室「学びの教室」担当教諭として学校生活で困っている子どもたちを明るく支援する。仙台市出身。

松平 和也

（まつだいら かずや）

彩の夫。陶芸家になるために彩とともに３年前に大黒市に引っ越してきた。

福島 久美子

（ふくしま くみこ）

特別支援教育コーディネーター。多くの知識と人脈から彩のフォローをする。

あらすじ

特別支援教育を大学非常勤講師で教えていた松平彩は、夫の希望で移り住んだ大黒市でひょんなきっかけで小学校通級指導教室の担当教諭に任命される。さまざまな困難さや学校生活を送るうえで悩みを抱えた子どもたちと担任が彩のもとを訪れる。彩は周囲の先生や児童の家庭とときにはぶつかりながらも協力の道を探り、その子にふさわしい支援策を考えてゆく。

第５話　ぼくは体を動かすのが苦手

加藤 恒平
(かとう　こうへい)

小学２年生。
日常動作もぎこちなく、
よく怪我をする。

白井 由紀
(しらい　ゆき)

恒平の担任。体を動か
すことが苦手な恒平の
ことを心配している。

第６話　通級指導教室はこうしてできた

黒田 浩一
(くろだ　こういち)

大黒市教育長。
通級指導教室の必要性
を市長に訴える。

小早川 淳
(こばやかわ あつし)

大黒市市長。
発達障害に理解が深く
市独自予算で通級指導
教室開設を決断する。

第７話　ぼくは計算が苦手　私は割合が分からない

吉田 大和
(よしだ　やまと)

小学５年生。
筆算の手順は合ってい
るがなぜか答えを間違
えてしまう。

伊藤 ひなた
(いとう　ひなた)

小学５年生。
数が大きくなると数の
見当を立てるのが難し
くなる。

高杉 誠
(たかすぎ　まこと)

算数の面白さを児童に
伝えたい先生。
「算数で世界丸見え」
が口ぐせ。

第８話　ぼくはうまく発音できない　読むことが苦手なんだ

細川 陸
(ほそかわ　りく)

発音の不明瞭さと読み
の困難さがあり通級指
導教室を利用する。

林 ちえみ
(はやし　ちえみ)

陸が一週間に一回通っ
た小学校の「ことばの
教室」担当教諭。

もくじ

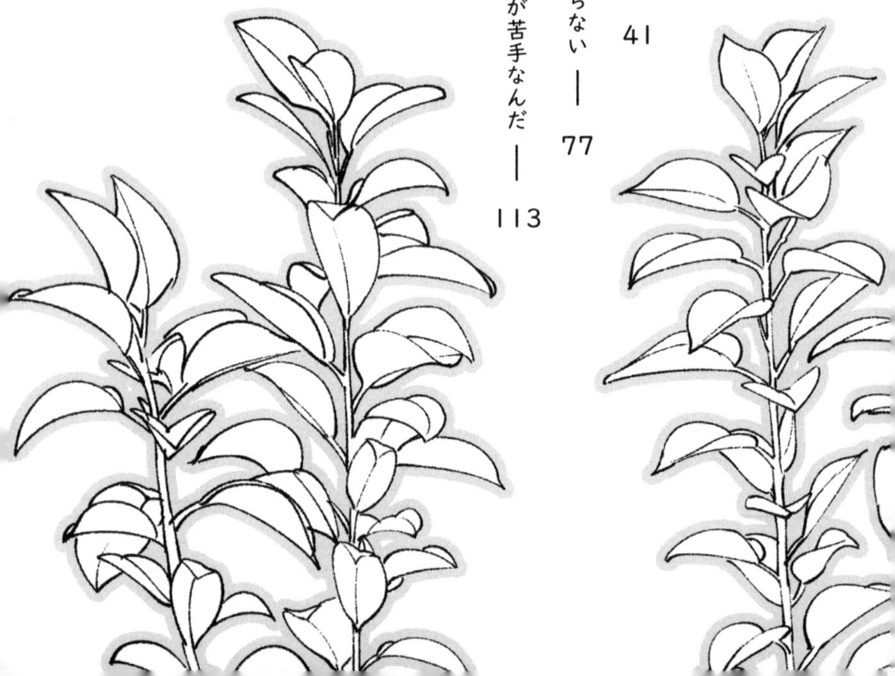

第5話
ぼくは体を動かすのが苦手

通級指導教室
「学びの教室」
今日は
ここまでだね
先生
さようなら～
さむーい！
見て！
息白い

春に新しい1年が
始まったと思ったら
もう冬か

あっという間
だなぁ

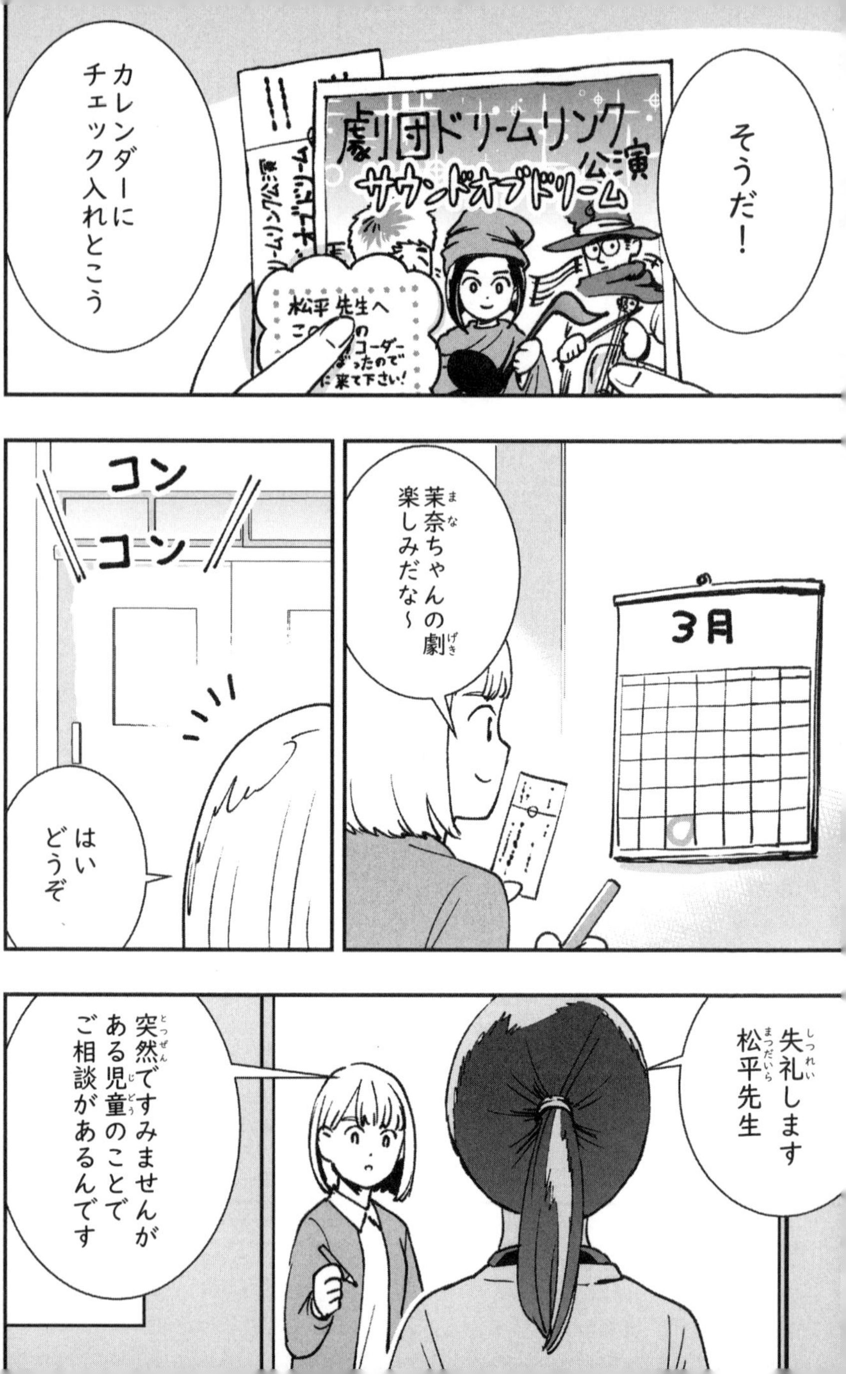
そうだ！
劇団ドリームリンク公演
サウンドオブドリーム
松平 先生へ
カレンダーに チェック入れとこう
茉奈《まな》ちゃんの劇《げき》 楽しみだな～
3月
コン
コン
はい どうぞ
失礼《しつれい》します 松平《まつだいら》先生
突然《とつぜん》ですみませんが ある児童《じどう》のことで ご相談があるんです

白井《しらい》先生…
相談というのは何でしょう…
はい 私《わたし》は2年生を担任《たんにん》しているんですが
一人気にかかる男子児童がいまして…
だだだだ
先生ー!

廊下《ろうか》は走っちゃダメって言ってるでしょう？
違《ちが》うんだよ先生！恒平《こうへい》が階段《かいだん》から落ちた！
恒平君！大丈夫《だいじょうぶ》？
だだだ
恒平君は運動が苦手なようで普段《ふだん》から階段の上り下りもぎこちなかったんです
この日はほかの児童につられて早く昇《のぼ》ろうとして階段を踏《ふ》み外したみたいです
幸い多少の打撲《だぼく》とすり傷《きず》だけで済《す》んだのですが…

会話は問題なくできているので単《たん》に運動が苦手な子として1年生の担任からは引き継《つ》いでいました
ほかにも運動が苦手な児童はたくさんいますのではじめは私も特別な症状《しょうじょう》ではないと思っていました
先日の運動会では張《は》り切っていたのですがみんなについていけないこともあって
そのころから少し自信《じしん》がなくなっているように見えてきたので
1
2
少し心配になって以前《いぜん》よりも注意して見るようにしたんです
すると普段の動きもどこか拙《つたな》くてぎくしゃくとしていて机《つくえ》などにもよくぶつかってるんです

なのでけがをして保健室《ほけんしつ》のお世話になる回数も多いんです
そういえば保健室で何度か見かけたことがあったな
単なる運動神経《うんどうしんけい》の悪さとはまた違う気がしてきまして
心配が大きくなっていたんです…
そんなころに職員室《しょくいんしつ》で水谷《みずたに》先生との会話を聞いてもしかしたら恒平君も…と
あれは会話というか…
恒平君のお母さんも気を揉《も》んでいらっしゃってて…
私も初《はじ》めてのケースでどうしていけばいいのか分からなくて…

松平先生と福島《ふくしま》先生にお母さんのお話を聞いてもらえないでしょうか
分かりました
よければ体育の見学もさせてください
よろしくお願いします
今日は前回と同じく跳《と》び箱《ばこ》をやります！
今日は松平先生が見学に来てるけどいいところ見せようと力まなくていいからね！
よろしくお願いします
よろしくお願いしまーす

また跳び箱だ…できないのが目立っちゃう…
じゃあ準備運動《じゅんびうんどう》始めまーす！
いちにー
さんしー
ぎくしゃく
跳び箱は低《ひく》いのと高いのがあるからやりやすいほうに並《なら》んでね

ばんっ
ばんっ
ばっ
ぼふっ
おしい！もっと勢《いきお》いよくジャンプすれば次は行けるよ！
ピッ
はい次〜ー！
たたた
フラ
フラ

ばんっ
ばんっ
ばんっ
ボフッ
ずず…

お…おりられない…
大丈夫？がんばったね！

キーンコーン
じゃぁ公園に3時に集合な！
あ！みんなで遊ぶの？ぼくも行きたい！
ドッジボールの練習だよ
恒平ボール投げられないじゃん

本日は学校まで お越《こ》しいただき ありがとうございます
いえ こちらこそ恒平のことで ありがとうございます
恒平は 上の子に比《くら》べると 赤ちゃんのころから ハイハイや寝返《ねがえ》りが 遅《おそ》かったんですが
1歳半検診《いっさいはんけんしん》のときに 「発達《はったつ》が遅い子も いるから問題ない」 と言われたので 安心していました
その後 病院に受診《じゅしん》 されたことは？
ありません 成長《せいちょう》すれば 大丈夫なんだと 思っていましたから…

でも大きくなっても服を着るのが遅かったりスプーンや箸《はし》がうまく使えなかったりで保育園のときも注意されていました
夫《おっと》はスポーツ少年団《しょうねんだん》のコーチをしていて上の子はそこのエースなんです
なので夫は兄のほうばかりかまっていて恒平のことを相談したら「そのうち直るだろ」って…
そうだったんですね…
どんくさいところはありましたが動くことが好きな子でした
もともと運動が嫌《きら》いだったわけではなく…
私たち家族や周《まわ》りからの視線《しせん》 言葉に傷ついてしまっているんだと思うんです

お母さんも
お辛《つら》かったですよね
恒平君の辛さに
気づいていただけて
よかったです
そして
これからどうしていくか
一緒《いっしょ》に考えましょう
紹介状
ふー
あったまったぁ
あ 恒平
明日お母さんと
ちょっと
出かけよう
え?うん
分かった

カン
カン
カン
ぼくと
お母さんの２人？
そうだよ
カン
そっか
…お兄ちゃんと
お父さんは野球の
練習だもんね
ねぇお母さん
…なんでぼくは
運動できないの？
恒平もがんばれば
できるように
なるかもしれないから…

走るのも鉄棒《てつぼう》も跳び箱もドッジボールもがんばったもん
タタン
がんばったもん…
そうだよね恒平はがんばってるよね
タタン
がんばってるのになんでできないのかこれから行くところで何か分かるかもしれない
タタン
たちひ総合病院

恒平君は発達性協調運動障害《はったつせいきょうちょううんどうしょうがい》という症状に当てはまります
協調運動…ですか？
はい 協調運動とは両手・手と目・手と足などを同時に使う運動のことです
筋肉《きんにく》や骨《ほね》 神経といった身体に問題はないものの日常生活の動作について周囲《しゅうい》よりも著《いちじる》しく遅れや困難《こんなん》が見られます
体を動かす事はあらゆる動作を一度に行う複雑《ふくざつ》な作業です
この運動は大きくは2つに分けられます 手先などに不器用《ぶきよう》さがある微細運動《びさいうんどう》
全身を使った大きな動きが苦手な粗大運動《そだいうんどう》です
恒平君は特に粗大運動に困難さを抱《かか》えているようですね

恒平はよくなるんでしょうか？
完全《かんぜん》に『不器用さ』を取り除《のぞ》くのは難《むずか》しいでしょう
でも日常動作や体の使い方は病院での作業療法《さぎょうりょうほう》や家庭などでも継続的《けいぞくてき》にトレーニングを行っていけば少しずつ改善《かいぜん》していくことができますよ
障害と言われたときは「この子の未来はどうなってしまうんだろう」と怖《こわ》くなりました

ですが改善していけると聞いて心が軽くなったようでした
恒平もどうがんばればいいのかが具体的《ぐたいてき》になったからか前向きになってきました
可能《かのう》であれば学校でも通級に通って指導《しどう》を受けさせたいと思います息子もそれを望《のぞ》んでいます
通級指導教室「学びの教室」
今日から恒平君もここに週に1回通ってもらうことになりました

さっそくだけど恒平君
その椅子《いす》に座《すわ》っていて
いつもと違うところは
ない？
えっ
うーん…
あ！
なんかいつもだったら
椅子に座っていると
お尻《しり》がずれちゃうけど
そうならない…？
そう！
実は…

お尻にひいてあるシートに秘密《ひみつ》があってお尻がずれないようにしてくれているの
薄《うす》いし目立たないから教室でも使うことができるよ
様子を見ている限《かぎ》り体幹《たいかん》にも問題があるようだったから取り入れてみてよかった！
この教室では恒平君にはたくさん体を動かしてもらおうと思っています
え!?でもここ教室だよ？
ふふふ隣《となり》の教室に移動《いどう》しましょう！

うわ〜
こんなところ
あったんだ！
でっかーい！
むずかしいー

歩いたり走ったりする時にぎくしゃくしないようにするために”けんけんぱ“や”四つん這《ば》い“をしたり
けんけんぱ
マット運動
縄《なわ》跳《と》びやマット運動をやるよ
でもできるかな…
できることから少しずつ始めて行こう
うん!

ぴょこ
ぴょこ
そうそう！いい感じ！
職員室
福島先生ちょっといいですか？
恒平君が通級に通うにあたってプレイルームを新設《しんせつ》したいんですが…
あら いいじゃない！それじゃぁ通級教室の隣が空いているしそこを使えるように申請《しんせい》してみましょう

それで…具体的にどんな器具《きぐ》を揃《そろ》えればいいのかに迷《まよ》ってまして…
それじゃぁ 私の知り合いの作業療法士の方に聞いてみましょうか あ 実際《じっさい》に会って指導法を教わってもいいわね
なるほど
体がふらつくとなると体幹が弱いのかもしれないですね

そういう子には
片足《かたあし》で立つ練習や
手《て》押《お》し車なんかを
やってもらうと
いいですよ
手押し車は
腕力《わんりょく》も鍛《きた》えられるので
ボール投げの練習にも
つながりますね
あ
でも恒平君には
少し早いかな
まずは…
けんけん
ぱっ

先生見た？だんだんうまくできるようになってきたんだよ！
ほかにも目を閉じていても自分の手や足の位置《いち》が分かる感覚《かんかく》が効果的《こうかてき》に機能《きのう》することが大切です
これがないと距離感《きょりかん》が測《はか》れず人や物にぶつかったり他人と同じ動きをすることができないといったことが出てきます
そういう感覚があるのですき間にぶつからずに通れます
そこで障害物のあるコースを通り抜《ぬ》ける事や目を閉じたままの活動なども有効です
目を閉じて手のひらに書かれた文字を当てる
えーっと

また
ダンスや
折《お》り紙《がみ》を教える際《さい》は
対面ではなく
鏡《かがみ》なども使いながら
同じ方向を向いて
子どものスピードに
合わせながら教えてあげる
といいですよ
手の力だけで進む
「あざらし歩き」
ずず…
おっとと
平均台《へいきんだい》
(低めのもの)
先生
さようならー！
はい
また来週ね！

今日は どんな事したの？
タタン
タタン
今日はね キャッチボール やったんだよ
タタン
すごい がんばってるね！
まだ柔《やわ》らかい ボールだけどね
でも前より うまく投げられる ようになったよ！

そしたらさお父さんとお兄ちゃんとキャッチボールするんだ！
あ！内緒《ないしょ》にしててね！驚《おどろ》かせたいから！
今日は何食べたい？お母さんもがんばってご飯作るよ！
やったぁ！じゃぁカレー！

今回も福島先生に助けられちゃったな～
恩師《おんし》もだけど知識《ちしき》の深さ人脈《じんみゃく》の広さに感服するわ
通級の担当になるって決まってからずっとお世話になってきたんだろ？
本当に福島先生様様って感じよ！

…もうこっちにきて3年になるのね
あっという間だった？
長かったような…短かったような…
…でも
あのころのことは昨日《きのう》のことのように思い出せるわ

学校生活と道具

みなさんは器用《きよう》ですか？器用というと、何か特別《とくべつ》の道具を使う作業、例《たと》えば裁縫《さいほう》や日曜大工などを思い浮《う》かべますが、実は私《わたし》たちの日常生活はいろいろな道具を使って成《な》り立っています。家庭生活ではいろいろと便利《べんり》な道具、簡単《かんたん》に使える道具が出てきていますのでさほど気になりませんが、学校生活では昔からの道具を使っている場面がたくさんあります。

【学習場面】

小学生になれば誰《だれ》もが使う鉛筆《えんぴつ》と消しゴム、これも立派《りっぱ》な道具です。幼《おさな》い頃《ころ》は軸《じく》の太いクレパスやクレヨンを使います。これは手指の動きが未熟《みじゅく》なうちは、細い軸のものを扱《あつか》うことが難《むずか》しいからです。鉛筆を正しく持つことが難しい子どもは、消しゴムの扱いも難しいことが多くあります。

鉛筆、消しゴム以外《いがい》にも、定規《じょうぎ》、分度器、コンパス、習字で使う筆、それ以外の習字用具、絵の具の筆、絵の具・パレット、鍵盤《けんばん》ハーモニカ、リコーダー、縄跳《なわと》び、ファイルにプリントを綴《と》じるなど、学年が上がるにつれどんどん使う道具は増《ふ》えます。

【生活場面】

生活場面でもいろいろな道具を使います。掃除《そうじ》用具のほうき、ちり取り、ぞうきん、バケツ、たわし。給食《きゅうしょく》の配膳《はいぜん》に使うお玉、トング。家庭ではもう使っていないものもたくさんあります。使い方を教えてもらっても、学校で時々《ときどき》使うくらいではなかなか上手に使えるようにはなりません。

このように、実は学校ではたくさんの道具を使って学習したり生活したりしています。道具をうまく使えることは学校生活の大前提《だいぜんてい》となっているのです。まずは、そのことをよく理解《りかい》した上で、子どもたちの中にはがんばっても道具の扱いがなかなか上達《じょうたつ》しない子どもがいることを知ることが大切です。そして、上達しない子どもには、どんな練習をさせればよいか、別の便利な道具（ぞうきんでなくモップを使う、など）を使わせることはできないかなども考えながら、一人ひとりにあった方法《ほうほう》を探してほしいと思います。

第6話 通級指導教室はこうしてできた

あのころのことは昨日《きのう》のことのように思い出せるわ
もう3年も経《た》つのねー

今日からここが私《わたし》たちの家かぁ～
やぁ～大きいな木だなぁトトロに会えそうだなぁ
じゃあ私はメイちゃんね！
あ～メイちゃんね
まっくろくろすけいるかなぁ？

夫《おっと》とは
地域《ちいき》の陶芸《とうげい》サークルで
出会ってその後結婚《けっこん》
樹齢何年だろう
手まわらない
私は大学で
特別支援教育《とくべつしえんきょういく》を
教える非常勤講師《ひじょうきんこうし》で
夫は
サラリーマンでした
あっ!
夫の陶芸家になり窯《かま》を持つ
という思いを叶《かな》えるために
ここが窯を
作る場所だ!
定住促進事業《ていじゅうそくしんじぎょう》をしていた市が
古民家《こみんか》と光熱費《こうねつひ》など
補助《ほじょ》してくれると知り
この茨城県大黒市《いばらきけんだいこくし》に
引っ越《こ》してきました

茨城県大黒市
市役所
今日は発達障害《はったつしょうがい》など
学校生活で
課題《かだい》を抱《かか》えている
子どもたちが
市長室
自分の困難《こんなん》さを
少しでも改善《かいぜん》するための
通級指導教室《つうきゅうしどうきょうしつ》設立《せつりつ》の
ご相談に来ました
よろしくお願《ねが》いします
小早川《こばやかわ》市長
よろしくお願いします
黒田《くろだ》教育長

読み書き
計算の難《むずか》しさ
不器用《ぶきよう》 不注意
多動 自閉症《じへいしょう》…
そういう困難さを
抱えた子たちに
通級は必要《ひつよう》なんです！
そうなんですか
困《こま》っている子どもたちが
自信《じしん》をもって
学校生活を送れるように
なるのはいいですね！
はぁ
はぁ
そうなん
です！
…実は
私の子どもは
海外留学《りゅうがく》
しています
そ…それは
すばらしいですね！

いいえ 実は… 私の子どもは ディスレクシア なんです
えっ ではお子さんは 読み書きで
はい 昔の私は それを理解《りかい》できずに 「怠《なま》けるな！」と 叱《しか》ってばかりでした
怠けてなんか いなかった のに…
…そうなん ですか
私の子は 日本で居場所《いばしょ》がなく ディスレクシアに 理解のある 海外の学校に行ったんです
英語《えいご》も ままならないのに…
できたら 日本にいたかった はずなんです
ぐっ…

にこっ
私は インクルーシブ教育に 力を入れたいんです
母子保健《ぼしほけん》センターを作り そこに発達支援《はったつしえん》センターも 入れられないかと 思っています
いいですね 私もすべての小中学校の 教職員《きょうしょくいん》に 発達障害に関する 研修《けんしゅう》を受けてもらおうと 思っています

ありがとうございます
通級も早い対応《たいおう》が
必要ですから
まずは市の
単独《たんどく》予算で
いきませんか？
それは
願ってもない
ことです！
通級指導教室
開設準備委員会
あれから数ヶ月
こうして
みなさまのお力を借《か》り
本格的《ほんかくてき》に
準備委員会《じゅんびいいんかい》を
立ち上げることが
できました

通級は市の単独予算で
いけることも
正式に決定いたしました
スピード感をもって
通級指導教室の
設置《せっち》校《こう》決定などを
進めていきたいと思います
はい
大黒第二小学校
小西 校長
初めての通級指導教室と
なりますから
設置は私の学校で
お願いできないでしょうか?
空き教室がありますし
特別支援教育をもっと
進めていきたいと
考えていますので
確《たし》かにそれなら
改修費《かいしゅうひ》も
抑《おさ》えられますね

よろしくお願いします
よし！これでまた一歩前進しましたね！
にっ
なんだか教育長と小西校長いいコンビって感じですね
あの二人は高校の時テニスでダブルスを組んでたんだよ
だから！なるほど！

開設校は第二小だとして担当者《たんとうしゃ》をどうするかですね
いずれは巡回指導《じゅんかいしどう》もしてもらうことになるかもしれない
思い当たる人物…
では進められる部分を詰《つ》めていきながら担当者の方を探《さが》しましょう
心当たりのある方などいらっしゃればいつでもご連絡ください
ではまた次回よろしくお願いします

黒田教育長 また次回 よろしく お願いします
加藤《かとう》さん いつも力を貸《か》してくれて ありがとう
明日は土曜日ですし ゆっくり体を休めて ください
ええ でも実は最近《さいきん》 ハマってることを やりに行くんです
えっ？何に ハマってるんですか？
陶芸です
松平陶芸教室
&
松平学習塾

むずかしいなぁ
あっ先生こんにちは
予約《よやく》時間より早く着いちゃって
できたー!
しっぱいー
準備《じゅんび》して座《すわ》っててください
あ すいません
賑《にぎ》やかですね
県外からお子さん連《づ》れのお客さんが来てくださったんですよ
力いれすぎだぞー
あちゃー

ではみんなが作ってくれた物をぼくが焼《や》いてお届《とど》けするからね！
わー楽しみ！
ありがとうございましたー
みんな楽しそうでしたね！
ええうれしいです

ぐにゃっ
あ～
崩《くず》れちゃった
土を
直しますね
先生
何かお悩《なや》みが
ありそうですね
えっ
顔に出てます？
土にも
出てますよ
ぐにゃ…

発達障害って分かります？
ええなんとなくですが…
教師《きょうし》をしているとそういう子に出会うことが多いのですが
そういう子が学校生活で自信をなくしてしまうということも多く見ています
なのでなんとかしないといけないと思っていたんです
子どもは繊細《せんさい》ですからね
はい…そういう子は特に敏感《びんかん》で…そういう子への対応をしていかないと…

そう思っていた時この大黒市ではそういう子たちが困難さを抱えながらうまくやっていくために通級指導教室を開設することになったんです
ただ担当者の方がまだ見つかってなくてそれでちょっと…
確《たし》か…特別支援教育…
えっお詳《くわ》しいですね
大学で特別支援教育を教える非常勤講師をやってたんですうちの妻《つま》が

えっ！
そうなんですか
でしたら
一度お目にかかって
話を聞かせて
いただきたいです
この後お時間ありますか
そろそろ終わるころだと…
終わる…？
ここは学習塾《がくしゅうじゅく》も
併設《へいせつ》していて
妻が教えて
いるんですよ
松平陶芸教室
&
松平学習塾
先生
さようなら！

ちょっといい？話を聞きたいって方が来てるんだ
松平陶芸教室
&
松平学習塾
初《はじ》めまして
初めまして
子どもは自信を失うとどうせダメだとこころが縮《ちぢ》こまってしまいます
みんなちがってみんないいはずなんです！

私もそう思います子どもたちがどこで困っているか見つけてあげるのが肝心《かんじん》じゃないでしょうか？
そうなんです！大人が気づいてあげることですよね！
こんな子もいるあんな子もいると意気投合し
数日後加藤指導主事と教育長が

初めまして
大黒市の住みごこちは
いかがですか？
根っこのりっぱな
大きな木がある
この街《まち》がどんどん
好きになっています
根っこが
りっぱ？

話は加藤さんから聞いてると思いますが
来年度に発達障害の子どもたちのための通級指導教室を開設することになりました ぜひその通級担当者になっていただきたいんです
やります!
あっ!? や…やらせていただきます!
よ…よろしくお願いいたします
あらら…相《あい》変《か》わらずの即《そく》断《だん》即《そっ》決《けつ》でもがんばれ!
あはは

私はその報告《ほうこく》をしに 仙台市《せんだいし》 仙台女子大学の 恩師《おんし》を訪《たず》ねました
桜田
あら！小学校の先生に!?
しかも通級！これまでの経験《けいけん》が全部活かせていいじゃない！
ありがとうございます
桜田《さくらだ》先生 いつもありがとう 根拠《こんきょ》のない私の行動を認《みと》めてくれて…

遠いところまでこうやって報告に来てくれるの嬉《うれ》しいわ
先生の顔を見ると気が引き締《し》まるので
あはは それはよかった 背筋《せすじ》も伸《の》びます
久しぶりにたくさん話せてよかったわ
この後の予定は？
友だちと千年希望《せんねんきぼう》の丘《おか》へ行ってきます
千年希望の丘 そうね…
何か困ったらいつでも力になるからね
絶対《ぜったい》力をお借《か》りしそうです～

宮城県岩沼市
千年希望の丘
あの震災《しんさい》の日が昨日のことのようね…
うん でも確実《かくじつ》に時間は流れてる
彩も小学校の先生かぁ

私も小学校の先生になって10年以上経つけど
いろんな事情《じじょう》を抱えている子がいる
発達障害のある子は自分だけでは変えられない部分があるでしょ
それを受け止めながらでもがんばろうと思うにはほかのところが強くないといけないの
私たちが大切に育てればしっかり根を張《は》って伸びていくわ
根っこが大事なのよ
うん

…植樹《しょくじゅ》した苗木《なえぎ》があんなに大きくなってる
小さな苗が力強く根を張ってくれたね
あれっ…なんか私たちかっこつけてる!?

ただいまー
はい お土産《みやげ》
お帰り！ みんな 元気だった？
うん やっぱり 会いに行ってよかった
そっか よかったね
もぐ もぐ
明日は 学校に行ってみようと 思う

ここが子どもたちと私の居《い》場《ば》所《しょ》になるのね

不安もあるけど
力になれるよう
がんばらないと…！

あっという間だったなぁ
なんだか通級の子たちに早く会いたくなっちゃった

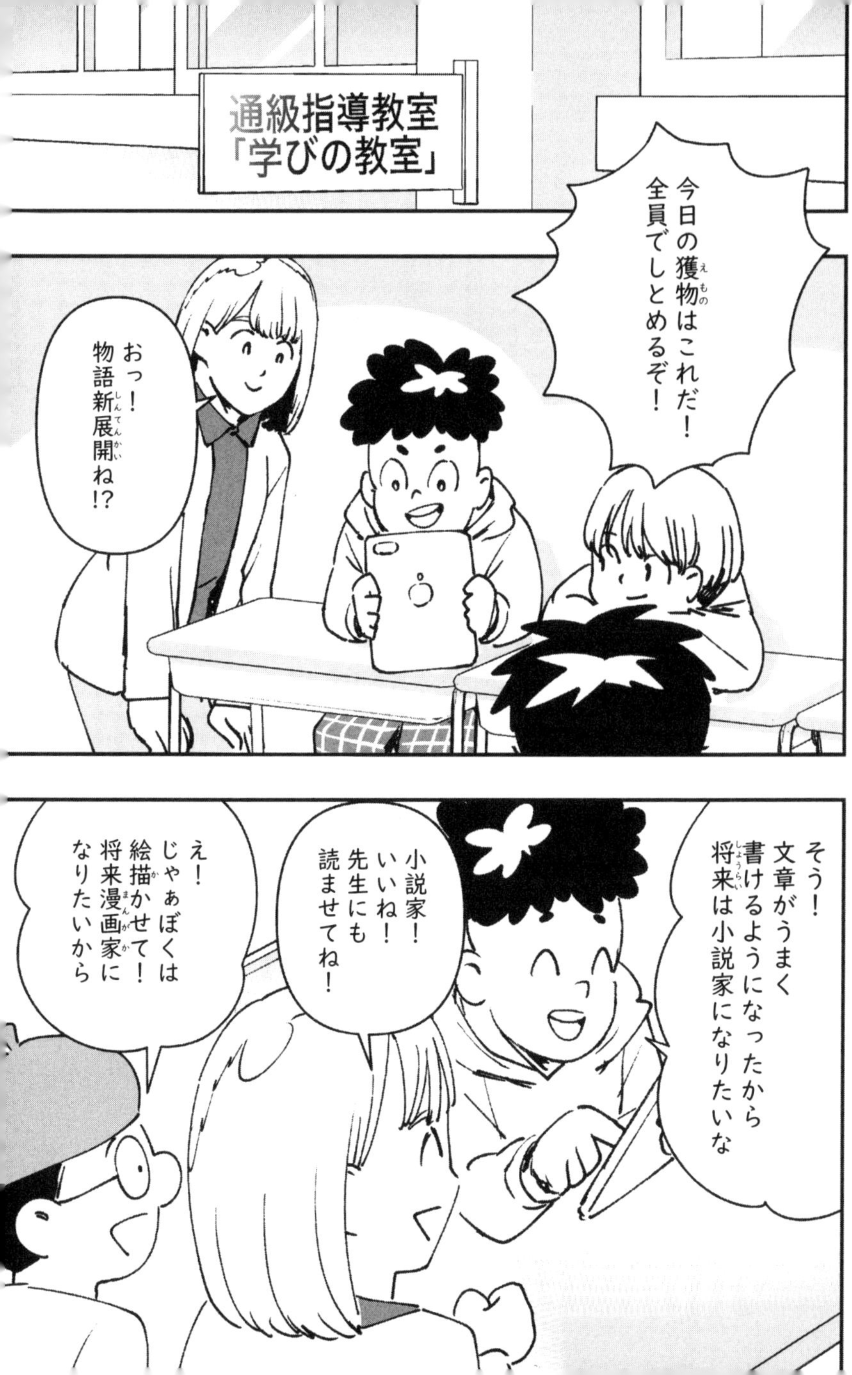
通級指導教室
「学びの教室」
今日の獲物《えもの》はこれだ！全員でしとめるぞ！
おっ！物語新展開《しんてんかい》ね!?
そう！文章がうまく書けるようになったから将来《しょうらい》は小説家になりたいな
小説家！いいね！先生にも読ませてね！
え！じゃぁぼくは絵描《か》かせて！将来漫画家《まんがか》になりたいから

私は歌手になりたいから映《えい》画《が》になったら主題歌うたう!
みんな将来の夢《ゆめ》があるんだね!
先生はなんで学校の先生になったんですか?
将来の夢だったんですか!?
そうねなんでかな!?
みんなと出会うためだったのかな!
ちょっと今いいこと言ったかも
ふーん
なんかテキトーじゃないの~
あら…

でも
偶《ぐう》然《ぜん》だけど偶然じゃないような気もするわ…

通級で期待される効果

通級による指導《しどう》は、通常《つうじょう》の学級に在籍《ざいせき》している子どもがそれぞれの障害《しょうがい》に応《おう》じた特別《とくべつ》の指導を受けるための、指導の一形態《いちけいたい》です。一人ひとりに応じた支援《しえん》であるため個別《こべつ》指導が基本《きほん》となり、個々の特性《とくせい》に合わせた指導が計画されます。では、どんな効果《こうか》が期待できるのでしょうか。

通級による指導を受けたい（または受けさせたい）と思う場合、多くの子どもは学習や生活でつまずいており、自分ができないことに傷《きず》ついていたり、自信《じしん》を失《うしな》ったりしています。子どもたちの多くは、なぜできないのか、自分の努力《どりょく》が足りないからか、みんなと違《ちが》うのだろうか、などと不安《ふあん》に思っているはずです。

通級による指導では、個別指導でしっかり子どもと向き合いながら、子どもの苦手さを共有《きょうゆう》し、どうやったら改善《かいぜん》するかを一緒《いっしょ》に考えます。個別指導のため、じっくり時間を取って子どもとやりとりすることができ、信頼関係《しんらいかんけい》を築《きず》くこともできます。もちろん担当《たんとう》の先生は魔法使《まほうつか》いではありませんから、最初《さいしょ》からぴったり合った指導が始まるとは限《かぎ》りません。しかし、丁寧《ていねい》な観察《かんさつ》ややりとりを行いながら指導を進めるため、内容《ないよう》が合わなければ随時修正《ずいじしゅうせい》を行い、子どもに合った指導にしていきます。そのような指導の中で、子どもたちは自分の苦手さを認《みと》めつつ、どのような方法《ほうほう》であれば取り組むことができるかを学び、「がんばったらできた！」「この方法ならやれる！」という達成感《たっせいかん》をもつことができるのです。

学習に対する意欲《いよく》は、この「できた」という達成感なくしては生まれません。できたから次の課題《かだい》にもチャレンジしてみようという意欲がわくのです。子どもの課題によって効果はいろいろとありますが、「達成感が自信につながり次への学習意欲を生む」ことが、個々の特性に応じた通級による指導の一番大きな効果です。

第７話
ぼくは計算が苦手
私は割合が分からない

5-3
6.7
× 7.1
じゃあこの計算をやってみよう 大和《やまと》君 前に出てやってくれるかい みんなもプリントにある 同じ問題をやってみて
はい…

カッ
カッ
6.7
×7.1
67
4
469
47.57
そうだね！
数字を書く位置《いち》も
いいね
パチ
パチ
大和君
よくできました
みんなもがんばって
やっていこうね！
算数が分かれば
世界が分かるからね！
でたぁ〜高杉《たかすぎ》先生の
算数ワールド！
算数で世界丸見え！

わはは
チラッ
ぐっ
ぐっ
大和君
筆算もう大丈夫《だいじょうぶ》そうね
半年前

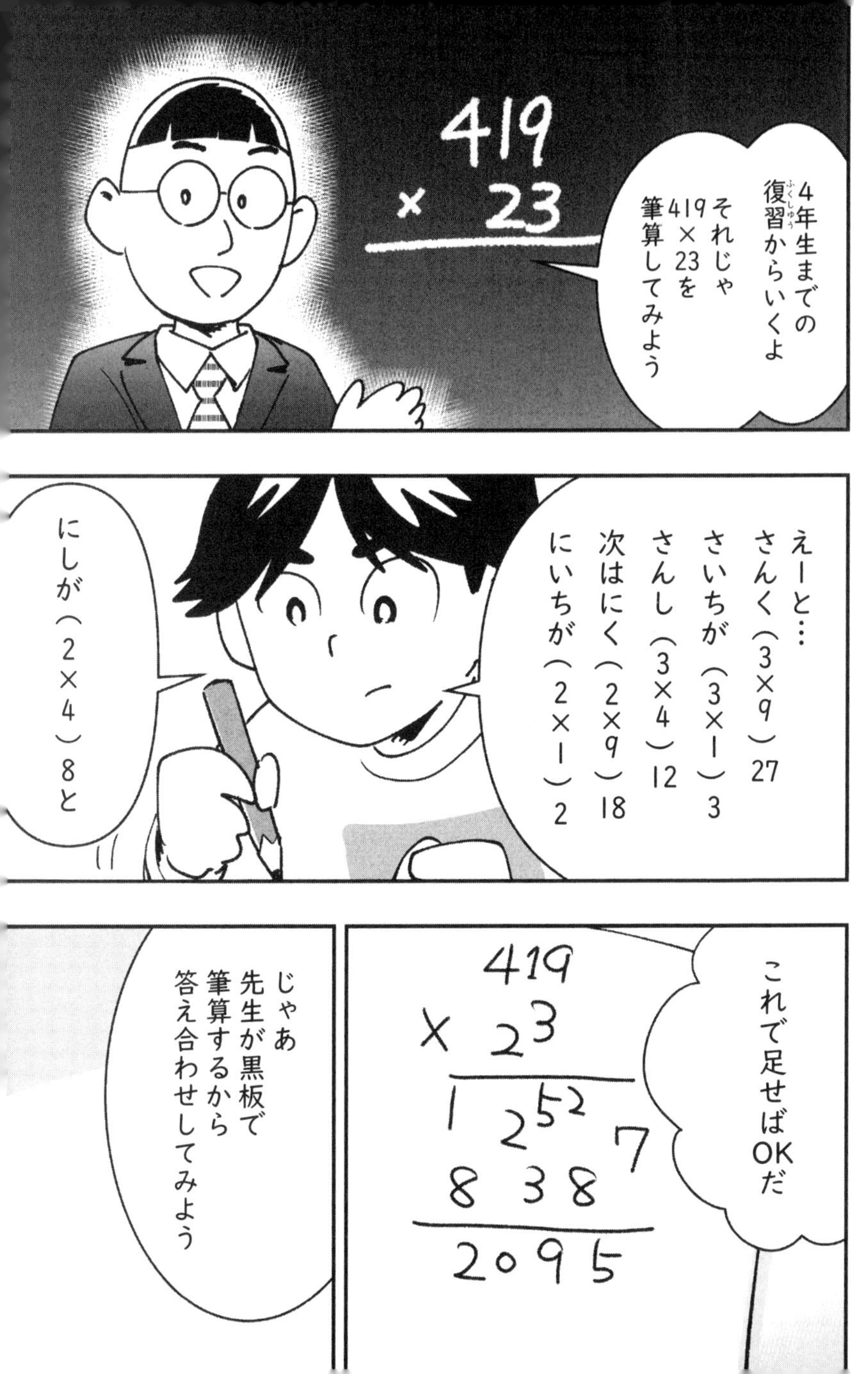

419
× 23
4年生までの復習《ふくしゅう》からいくよ
それじゃ419×23を筆算してみよう
えーと…さんく（3×9）27 さいちが（3×1）3 さんし（3×4）12 次はにく（2×9）18 にいちが（2×1）2
にしが（2×4）8と
これで足せばOKだ
419
× 23
1257
838
2095
じゃあ先生が黒板で筆算するから答え合わせしてみよう

まずこの3から
掛《か》けていくんだね
繰《く》り上がり気をつけてね
そして
順番《じゅんばん》に足していく
答えは
9637だね！
やったぁ！
合ってる！
あたしも！
えっ!?
違《ちが》ってる…
こんなの
3年生の問題じゃん！
簡単《かんたん》すぎ！
じゃあ
次からは答えを言うよ
みんな合わせてみて
4126 6174…

次のプリント配るよ
!?
大和君ほとんど間違えている
計算途《と》中《ちゅう》の数字はほとんど合っているのに
あっ！

なんで
みんな簡単に
計算できるんだろう
これ見せたら
お母さん
心配するだろうな
とぼ
とぼ
ニャー
はあ…
いいなぁ
猫《ねこ》は気楽そうで
ふわぁ~
あらっ!?
ちょっと難《むずか》しかったの?
このテスト

お母さんも芽依《めい》がいるから勉強見てあげられなくてごめんね…
大丈夫だよお母さん だいたいは分かってるからさ
そうなの？
おぎゃあ おぎゃあ
はいはい 芽依ちゃん どうしたのかな？

お母さんは大変《たいへん》なんだ
心配かけないように
しないと…
通級指導教室
「学びの教室」

筆算の手順は合っているのに書き間違いがとても多いということですね
はい 手順に沿《そ》って計算はできるんですが
じゃあ数の桁《けた》を揃《そろ》えることが難しいのかもしれませんね
不注意なところはないんですか？
そういえば…話を聞いていなかったりうっかりミスとかがほかの子より多いかなでも声がけすればすぐ集中します
それと数字の位《くらい》を揃えられないことがよくあります

ぼくは算数が大好《だいす》きだったんです算数が分かると世界の仕組みが分かるようでした
だから子どもたちにも算数の可能性《かのうせい》を知ってほしいんです
世界の仕組み！さすが理系《りけい》ですね…
最近《さいきん》は理系とか文系《ぶんけい》とか決めつけることが多くなりましたよね
でも自分の才能《さいのう》を決めつけないで楽しいと思えた直感を信《しん》じたほうがいいような気がします
あっ！すみません理系だなんて決めつけてしまって…
あっ！
いえそんなつもりじゃ…

でも大和君がこれから筆算を正確《せいかく》にやっていくことは
中学に進んで行くだけじゃなくて大人になってからも大事ですよね
そうなんです！
…
ちょっと失礼《しつれい》ですがこれできますか？
カッ
779÷19=
カッ
はい 41かな
なんですぐに分かったんですか？
なんで？
779÷19=41
えーとなんとなく
数字が思い浮《う》かんだ…
そうなんです

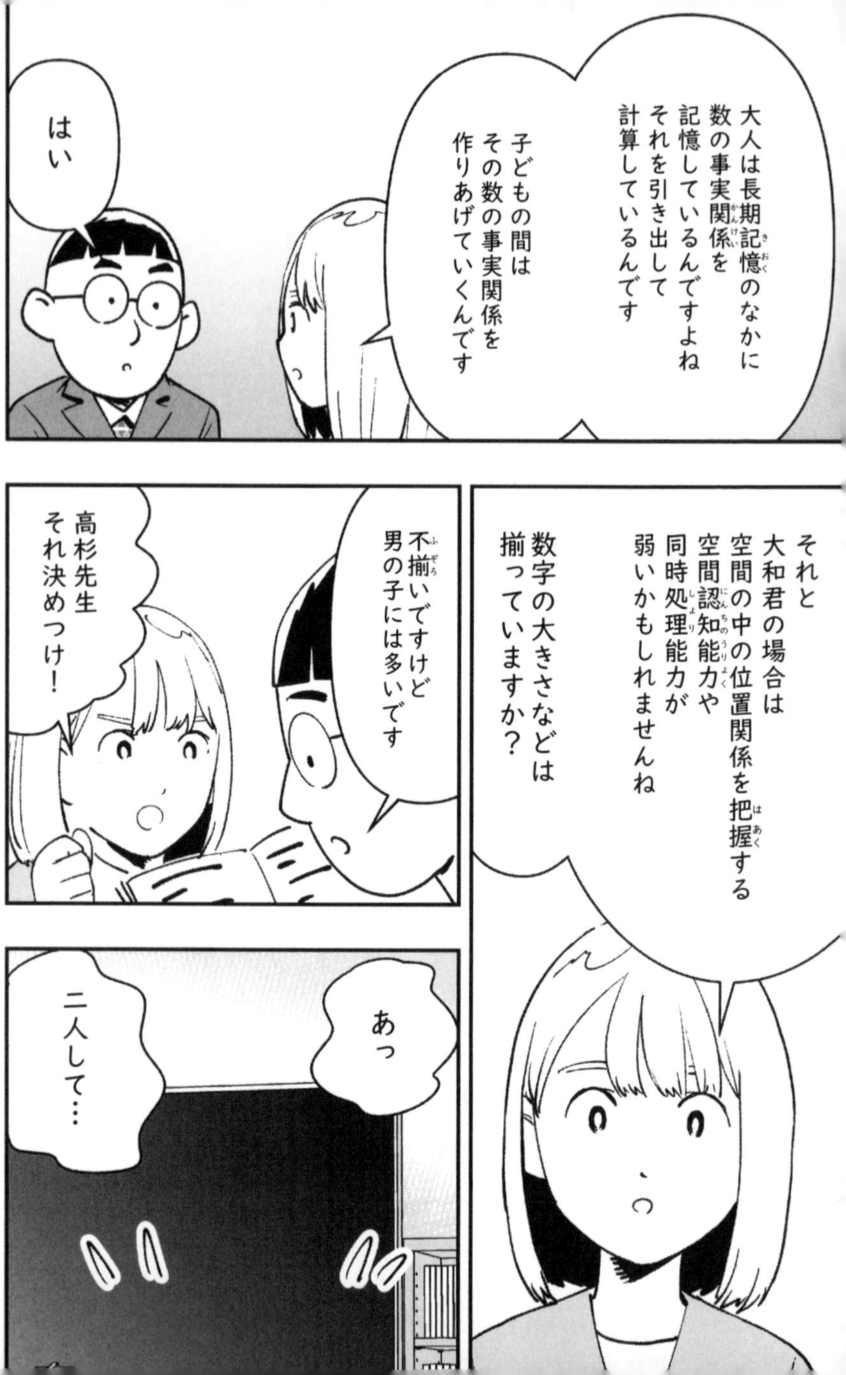

大人は長期記憶《きおく》のなかに数の事実関係《かんけい》を記憶しているんですよねそれを引き出して計算しているんです
子どもの間はその数の事実関係を作りあげていくんです
はい
それと大和君の場合は空間の中の位置関係を把握《はあく》する空間認知能力《にんちのうりょく》や同時処理《しょり》能力が弱いかもしれませんね
数字の大きさなどは揃っていますか？
不揃《ふぞろ》いですけど男の子には多いです
高杉先生それ決めつけ！
あっ
二人して…

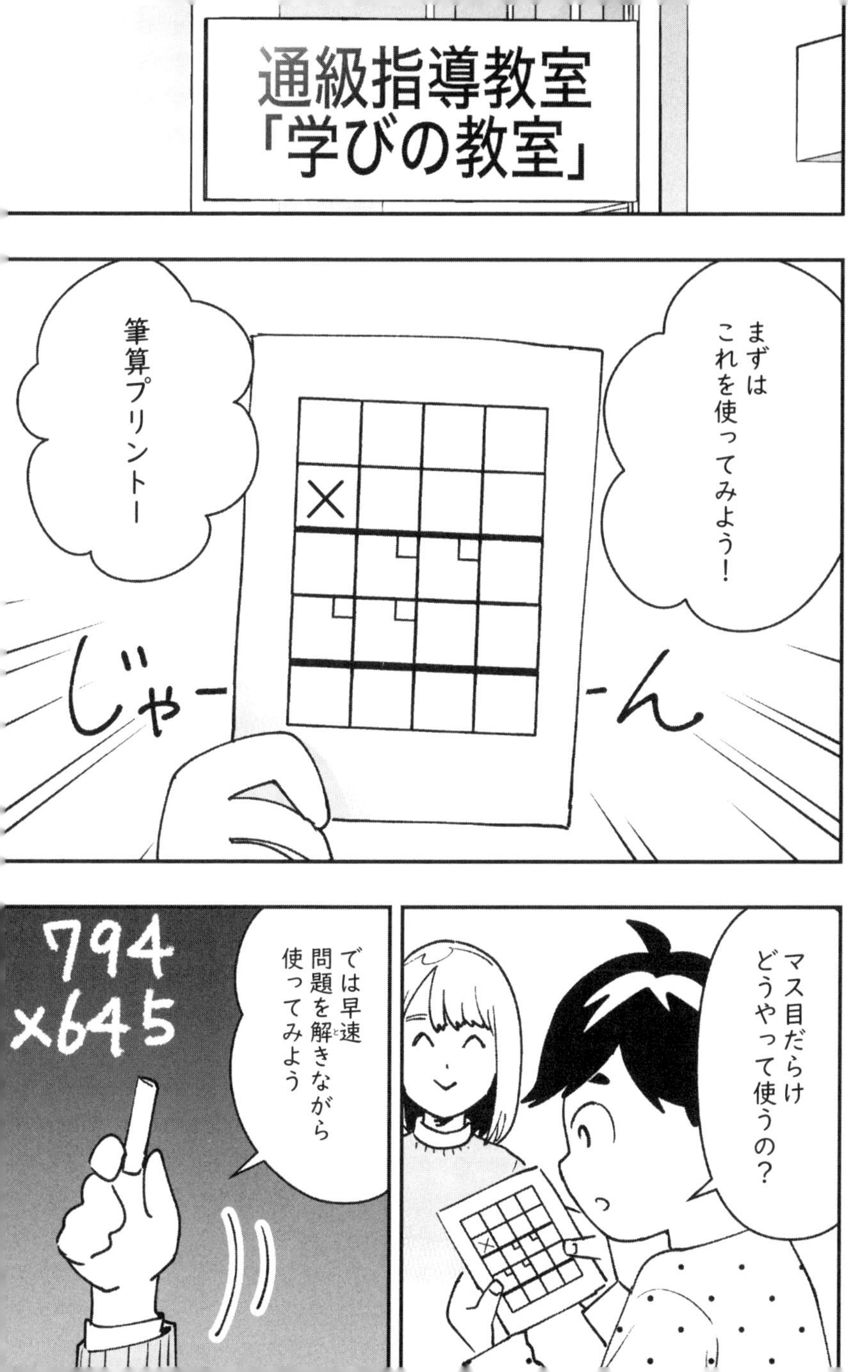
通級指導教室
「学びの教室」
まずはこれを使ってみよう!
筆算プリントー
じゃーーん
マス目だらけどうやって使うの?
では早速問題を解《と》きながら使ってみよう
794
×645

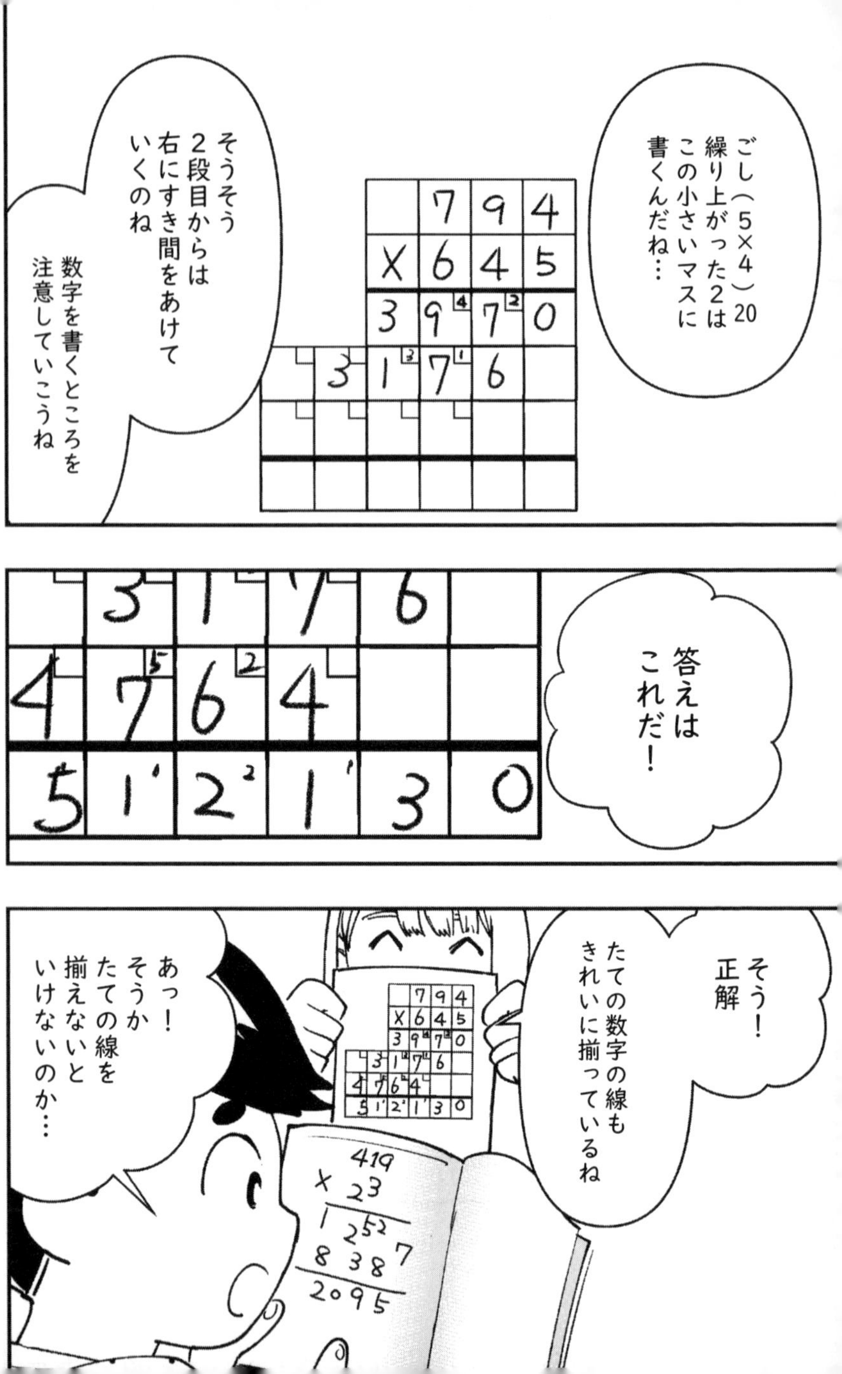
ごし（5×4）20
繰り上がった2は
この小さいマスに
書くんだね…
そうそう
2段目からは
右にすき間をあけて
いくのね
数字を書くところを
注意していこうね
答えは
これだ！
そう！
正解
たての数字の線も
きれいに揃っているね
あっ！
そうか
たての線を
揃えないと
いけないのか…

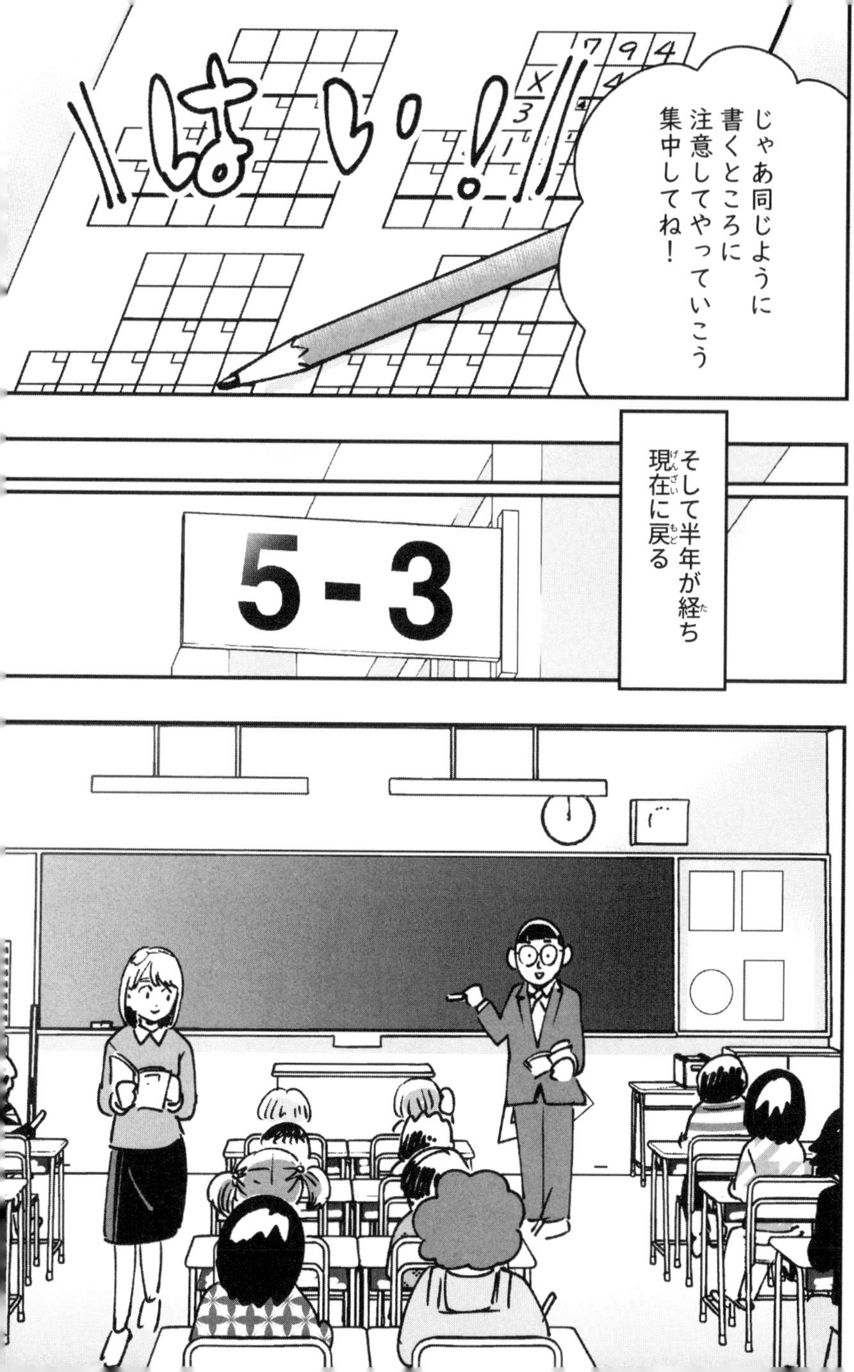
じゃあ同じように
書くところに
注意してやっていこう
集中してね！
はい！
そして半年が経《た》ち
現在《げんざい》に戻《もど》る
5-3

大和君しっかりやってるね！
この子も計算はちゃんとできているわね
キーンコーン
ひなたちゃん帰ろう！

うん！
ジャンケンポン！
ぱ
い
な
っ
ぷ

る
勝ったぁ!
まけた
まけたぁ
ねえ どのくらい差《さ》がついたかなぁ
えーと… 100段ぐらいかなぁ
そんなにあるわけないよ?! いつもオーバーなんだから
えっそう!? えへへ
大黒モールが見えるー! いま冬服のバーゲンやってるから今度買いに行こうよ

またねー！
ばいばーい
また明日ねー
えっと…

あと何段だろう
!?
チリン
チリン
鈴《すず》だ
チリン
チリン
にゃー

ニャ
あ！取れちゃったんだね
はい これで大丈夫！
バイバイ
ニャー
大黒モール 大セール！
大黒モール 大セール！
大黒セール！
ワイ
ワイ
わ～！すごい
¥3,000
レジにて 30%引き

30%オフだって！3割《わり》引《び》きだって！
ほんとだ！すごい！1000円で買えるね！
それ3割引じゃなくて3分の1じゃん！
やだぁ～ひなたちゃんほんと面白い
いいか！3000円の3割引は2100円だぞ
算数で世界丸見え！値《ね》段《だん》も丸見え！
この間の算数で割合やった時の高杉先生
3割引って3分の1…？え？難しいなんでみんなすぐ分かるの？

算数
小テスト
計算はだいたいできた
次は文章題ね
8 バーゲンに行って
1800円の洋服を30%引きで買えました
いくらで買えたのでしょうか?
式
答え
か?
答え
1300
あっこの間私が買った服の
値段と一緒《いっしょ》!
えーと、お店では
いくらで買えたんだっけ…
だいたい
1300円ぐらいだったかな
式は分かんないけど
とりあえず答え1300円と
次も文章題か…
どこをどうすればいいの?
全然《ぜんぜん》分かんないや!?
どうしよう…

職員室
あれっ!? ひなたさん 文章題を ほとんどやってない
体調でも 悪かったのかな？
計算問題はきちんと やっているのに 割合の文章題は ほとんど手つかずか…
式が立てられないのかも しれませんね
具体的《ぐたいてき》な量《りょう》の 見当がつかないのかも しれない
でじょう
答え
生徒の人数は1100人
うち男子は60%です
と女子はそれぞれ何人
式
答え
あ～そうですね 数字が表す 具体的な量が イメージできないと
文章題の意味が 分からないかも しれないですね

通級指導教室
「学びの教室」
学校の事より… お店とかに行った時 何割引きかで 買える時があるでしょ
それが いくらか 分かるように なりたいんです
そんな時は

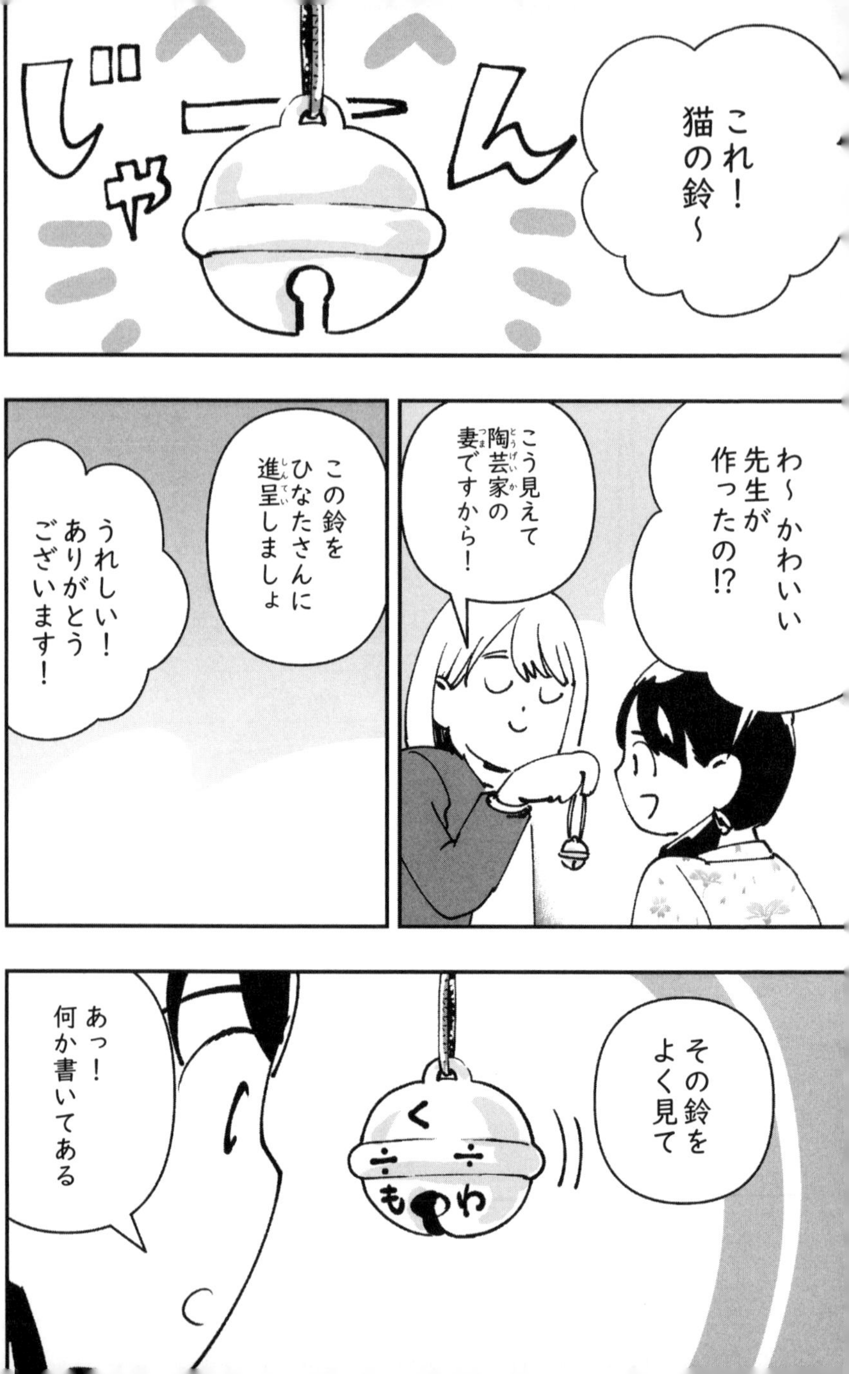
これ！猫の鈴〜
じゃーん
わ〜かわいい 先生が作ったの!?
こう見えて陶芸家《とうげいか》の妻《つま》ですから！
この鈴を ひなたさんに 進呈《しんてい》しましょ
うれしい！ありがとう ございます！
その鈴を よく見て
あっ！何か書いてある

くもわ
÷÷×…
これ何？
？
それは
ひなたさんの願《ねが》いを
叶《かな》える文字です！
えっ!?
私の願い？

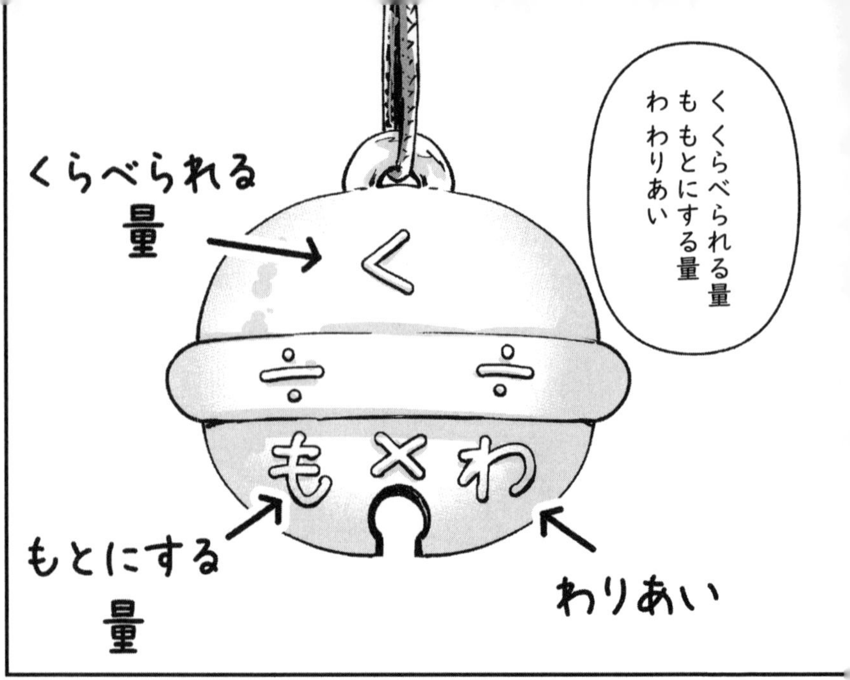
くくらべられる量
ももとにする量
わわりあい
くらべられる量
く
÷ ÷
も×わ
もとにする量
わりあい

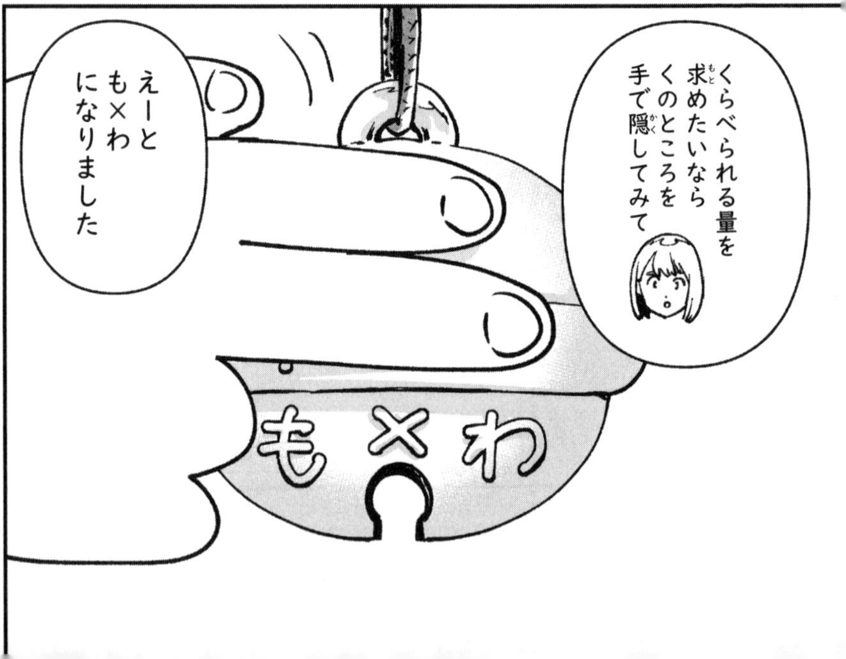
くらべられる量を
求《もと》めたいなら
くのところを
手で隠《かく》してみて
えーと
も×わ
になりました
も×わ

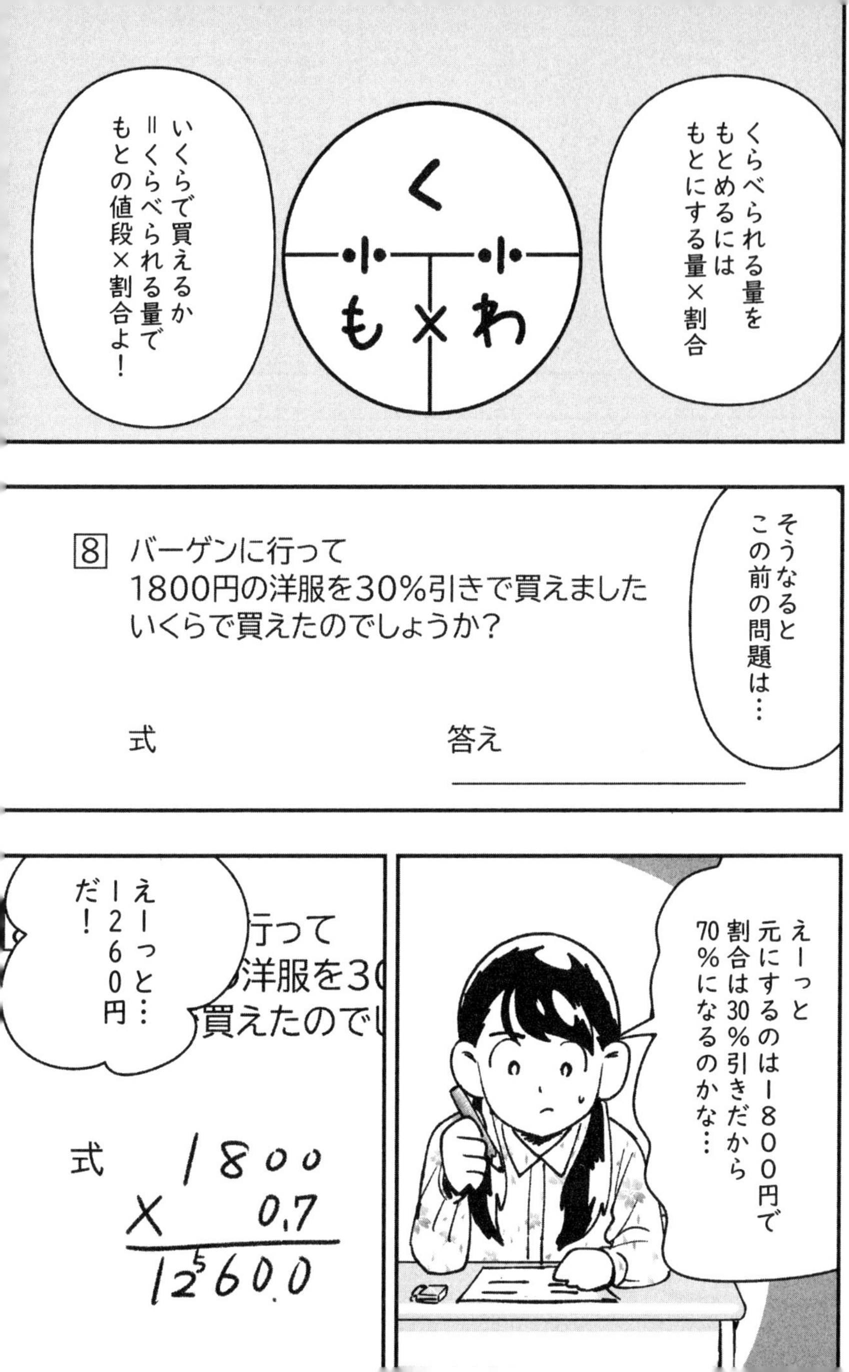
くらべられる量を
もとめるには
もとにする量×割合
く
も × わ
いくらで買えるか
＝くらべられる量で
もとの値段×割合よ！
そうなると
この前の問題は…
8 バーゲンに行って
1800円の洋服を30%引きで買えました
いくらで買えたのでしょうか？
式
答え
えーっと
元にするのは１８００円で
割合は30%引きだから
70%になるのかな…
えーっと…
１２６０円
だ！
式 1800
× 0.7
1260.0

その通り！
やったぁ！
すごい！
猫の鈴
チ
ヨ
コ
レ
イ
ト
やったぁ！
勝ったぁ！

ねえ
大黒モールにお菓子《かし》買いに行こう!
行こう
行こう!
大黒モール
大セール!
ワイ
大黒セール!
ワイ
駄菓子太郎
どれにしようかな
これもおいしいんだよなぁ

あ！
このお菓子
20％引きだ！
これ
おいしい
よねー
定《てい》価《か》150円の
20％引きだから
20%引
150円
えーっと…
120円！
20%引
150円

ひなたちゃん それかわいいね!
かわいいー!
えへへ 私の願いを叶えてくれる 鈴なんだ!

算数の難しさ

みなさんは算数や数学は得意《とくい》ですか？実は私は算数・数学が苦手でした。特《とく》に、大きな数量《すうりょう》の問題や関数《かんすう》など現実《げんじつ》の生活と結《むす》びつきにくい問題はよく理解《りかい》できず、「苦手！」と思い込《こ》んでいました。今思えば、「やってみよう！」と思って取り組めば、面白い点もあったのではないか、と少し後悔《こうかい》しています。でも、こんな風に苦手意識《いしき》を持ってしまっている子どもは多いのではないでしょうか。

算数は、とてもいろいろな能力《のうりょく》を使うため、どこかでつまずきが生じると、なかなか先へ進めないということが起きやすい教科です。領域《りょういき》としては、主に①数処理《すうしょり》、②数概念《すうがいねん》、③計算、④文章題、⑤図形などがあります。数処理、数概念は、幼少期《ようしょうき》からいろいろな数量に関《かか》わる体験《たいけん》を通して培《つちか》われます。特に、「数の三項関係《さんこうかんけい》」という「数詞《すうし》」「数字」「具体物」の関係の理解はその後の学習の基礎《きそ》となります。また、数の性質《せいしつ》として「序数性《じょすうせい》（順序《じゅんじょ》を表す）」「基数性《きすうせい》（量を表す）」、「分離量《ぶんりりょう》（自然数《しぜんすう》と対応《たいおう》し、最小単位《さいしょうたんい》がある）」「連続量《れんぞくりょう》（実数と対応し、最小単位がない）」等があり、同じ数字でもその意味が違《ちが》うことの理解も必要《ひつよう》です。さらに、計算では記号の意味理解だけでなく、手続《てつづ》きの理解や記憶《きおく》も必要です。文章題では解答《かいとう》を得《え》るためにどのような手続きを取るかの計画立て（プランニング）もしなければなりません。図形においては、空間認知《くうかんにんち》の力も使います。このように、多くの能力を必要とする算数は、その分つまずきが起きやすいのです。さらに、注意力や集中力、文字を読む力、図形等を描《か》く力も必要ですから、注意力等に困難《こんなん》のある子どもや不器用《ぶきよう》な子どももつまずきます。

つまずきは苦手意識を生みます。そのことが意欲《いよく》の低下《ていか》や取り組むことを嫌《いや》がる等につながることもあります。子どもに努力《どりょく》を求《もと》めるだけでなく、どこでつまずいてるのかを探《さぐ》る、そのつまずきにあった支援方法《しえんほうほう》を工夫《くふう》することがとても大切です。

第8話
ぼくはうまく発音できない
読むことが苦手なんだ

わぁ！

テンテイ（せんせい）が持ってきたタカナ（さかな）かわいい！
りくくん へんな しゃべり方 しないで！
…
えへへ

保育園《ほいくえん》でね
テンテイが持ってきた
タカナにね
ごはんあげたの
おい陸《りく》
なんでそんな話し方を
するんだ
くせになっちゃうぞ
もう5歳《さい》なんだから
しっかりしなさい
ぼくの声
おかしいのかな…

めばえ保育園
先生
陸の発音のことが
心配なんです…
4歳半なのに
そうですね
確《たし》かにほかの子たちに
比《くら》べると幼《おさな》い感じが
しますね…
療育《りょういく》センターで
言語聴覚士《げんごちょうかくし》さんに
相談できますよ
一度ご相談なさったら
どうでしょうか？
大黒市《だいこくし》療育センター
療育センターに行き
月に2回言語聴覚士の
訓練《くんれん》を受けることに
なりました
陸君は正しい音と
間違《まちが》った音を
聞き分けることが
まだ難《むずか》しいようです

ですから音の聞き分けができる「よい耳」を育てることが大切です
お母さんも陸くんが間違った発音をしても指摘《してき》したり直したりせずにお話の内容《ないよう》を聞いてあげてください
そして正しい音を自然《しぜん》な会話の中でたくさん聞かせてあげてください
はい
陸君 先生が「サカナ」と言ったらお魚のカードを挙《あ》げてね
あっ 生き物のカードだ！

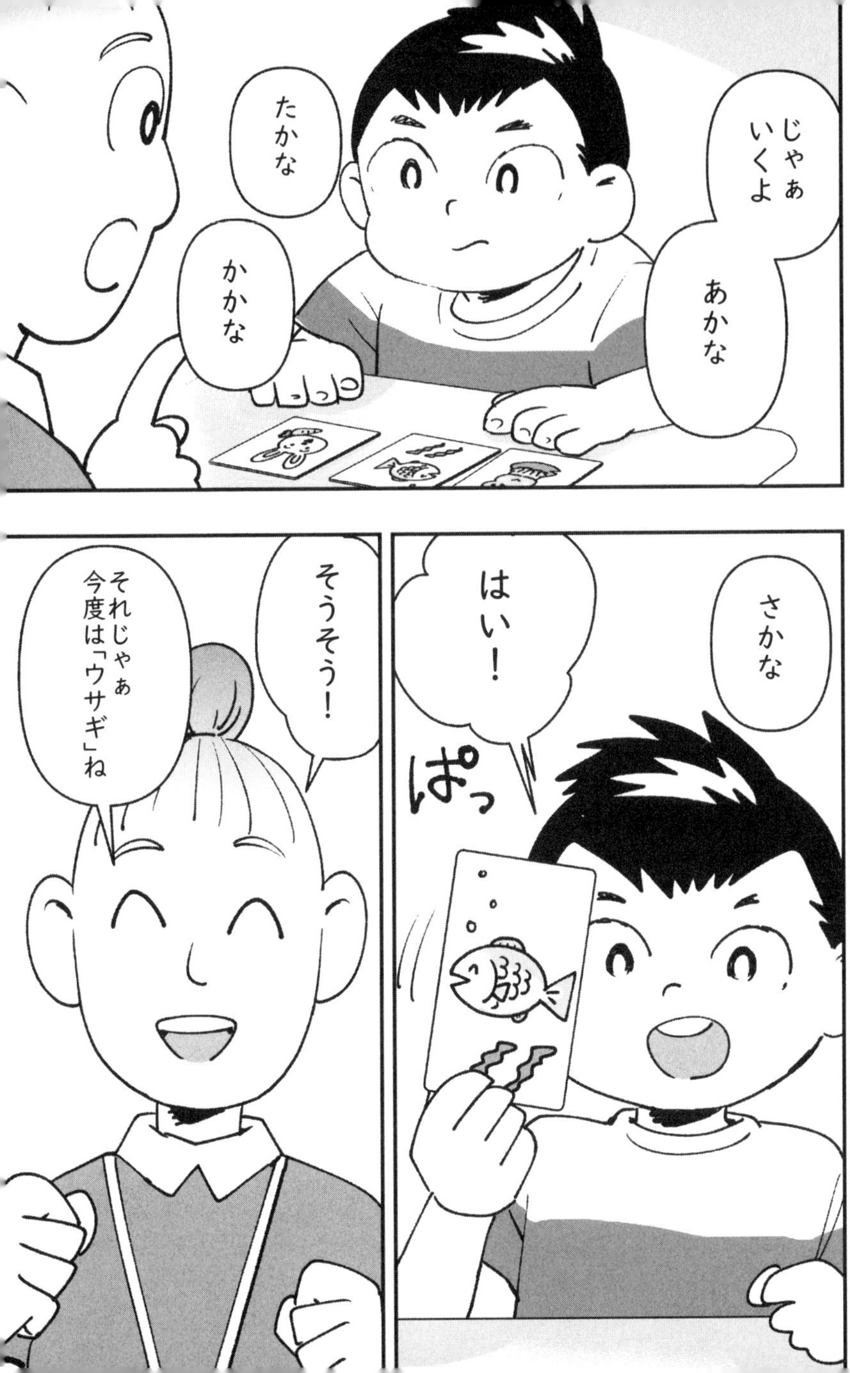
じゃぁ いくよ
あかな
たかな
かかな
さかな
はい!
ぱっ
そうそう!
それじゃぁ 今度は「ウサギ」ね

陸は どうでしょうか?
陸君 がんばってますよ
一般的《いっぱんてき》に サ行音は獲得《かくとく》が 遅《おそ》い音なんです
せんせいなら
テンテイ←
チェンチェイ←
シェンシェイ←
センセイ
2、3歳なら テンテイと言っても 気になりません
陸君は4歳ですから 心配されるお気持ちは 分かります 正しく発音できるように なるまでは 少し時間が かかるかもしれません

小学校に入った時の陸の言葉の事が心配で療育センタースタッフの方にちょっと相談してみたの
そうしたらね第一小学校を利用《りよう》したらどうかって言われたの
陸は第二小学校へ入学する予定だろ
なんでわざわざ遠い第一小へ行かなきゃいけないんだ

「ことばの教室」というのがあって
送《おく》り迎《むか》えが必要《ひつよう》だけど 普段《ふだん》は第二小で過《す》ごして 1週間に1回 その「ことばの教室」に通って 発音の改善指導《かいぜんしどう》が受けられる みたいなの
まぁ おまえに まかせるが…
うーん そこまで する必要あるのか
第一小学校

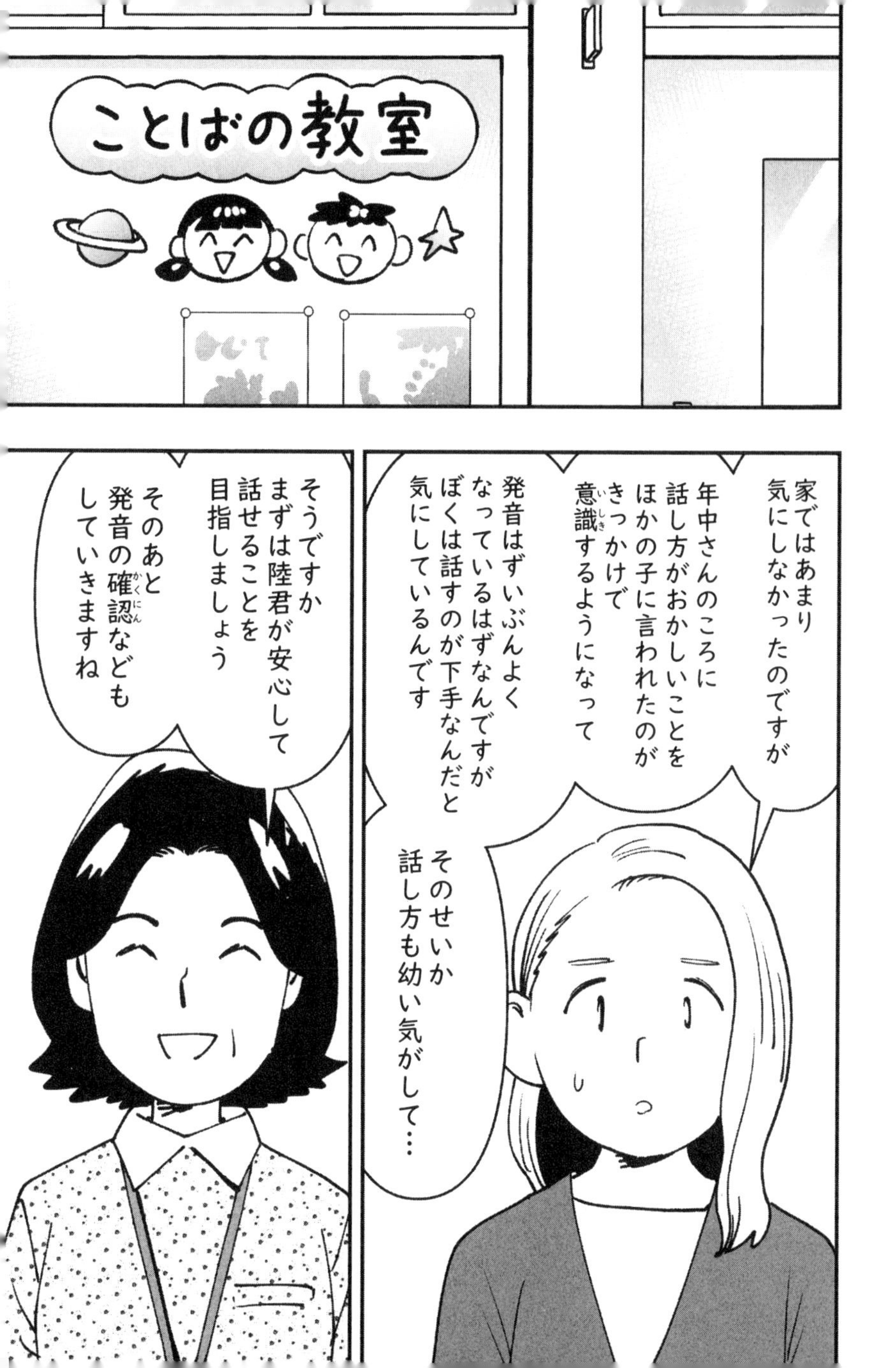
ことばの教室
家ではあまり気にしなかったのですが年中さんのころに話し方がおかしいことをほかの子に言われたのがきっかけで意識《いしき》するようになって
発音はずいぶんよくなっているはずなんですがぼくは話すのが下手なんだと気にしているんです
そのせいか話し方も幼い気がして…
そうですかまずは陸君が安心して話せることを目指しましょう
そのあと発音の確認《かくにん》などもしていきますね

陸君が好《す》きなものはありますか？
えっ
そこからお話を広げていこうと思います楽しく話すことは大切ですからね
陸君動物好きでしょ？
ことばの教室
うん！うちに絵本や図《ず》鑑《かん》いっぱいあるんだ
じゃぁ今日は動物しりとりをしよう！
わーい

動物の名前を続《つづ》けてね まず先生から えーっと ウマ！
マングーシュ！
早いわね！ ス!? えーと スイギュウ！
ウィペット！
えっ!? それ動物？
うん！ イヌ
ウィペット

トラ
ラッコ
コアラ
ラーテル
ラ
ラーテル!?
うん！
シャバンナの
動物！
サバンナにいる
動物なの！
先生の負けね…
陸君よく
知ってるのね！
わーん!!
ラーテル

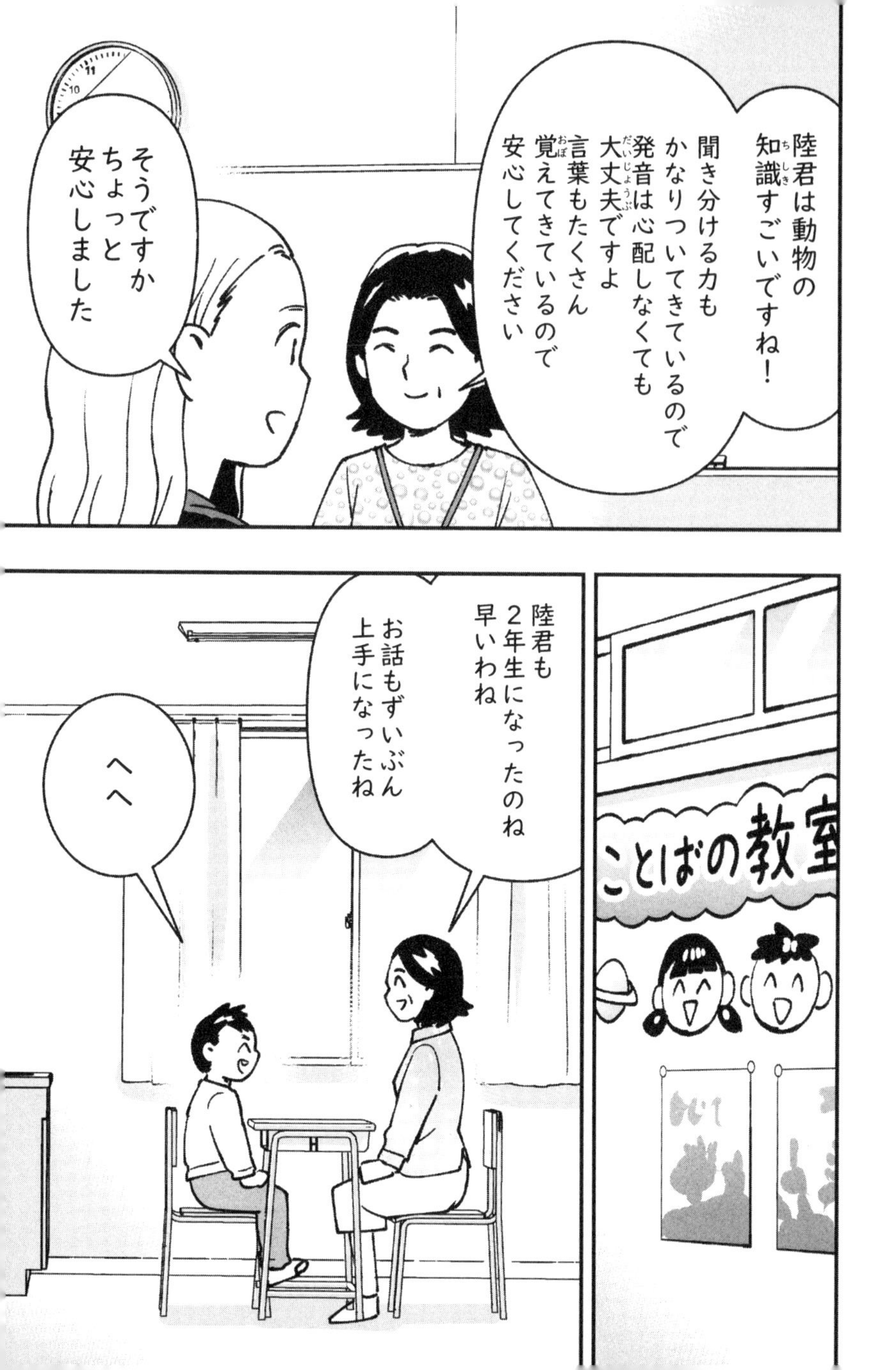

陸君は動物の知識《ちしき》すごいですね！聞き分ける力もかなりついてきているので発音は心配しなくても大丈夫《だいじょうぶ》ですよ言葉もたくさん覚《おぼ》えてきているので安心してください
そうですかちょっと安心しました
ことばの教室
陸君も2年生になったのね早いわねお話もずいぶん上手になったね
へへ

今日は先生と一緒《いっしょ》に読んでみよう！陸君の好きな動物の文章だよ
わーい！
りすりす 小りす ちょろちょろ小りす あんずの実が赤いぞ たべたべ 小りす
すごい！上手！「りす」も正しく読めたね！
はい！えーと
先生 この漢字なんて読むんだっけ？
あらっ!? ひょっとして漢字を読むのが苦手なのかしら

今日は一緒に声を出して読む練習をしました
文字を読むのはちょっと苦手ですか？
ありがとうございました
文字を教えるのはちょっとさぼってきたんで小ーから私《わたし》が教えてきたんですがなかなか覚えられないみたいで…
ことばの教室で陸はどうなんだ？
自分でできたって思えて楽しいみたいよ
ママ迎えに来るの遅《おく》れないでねっていつも確認するから

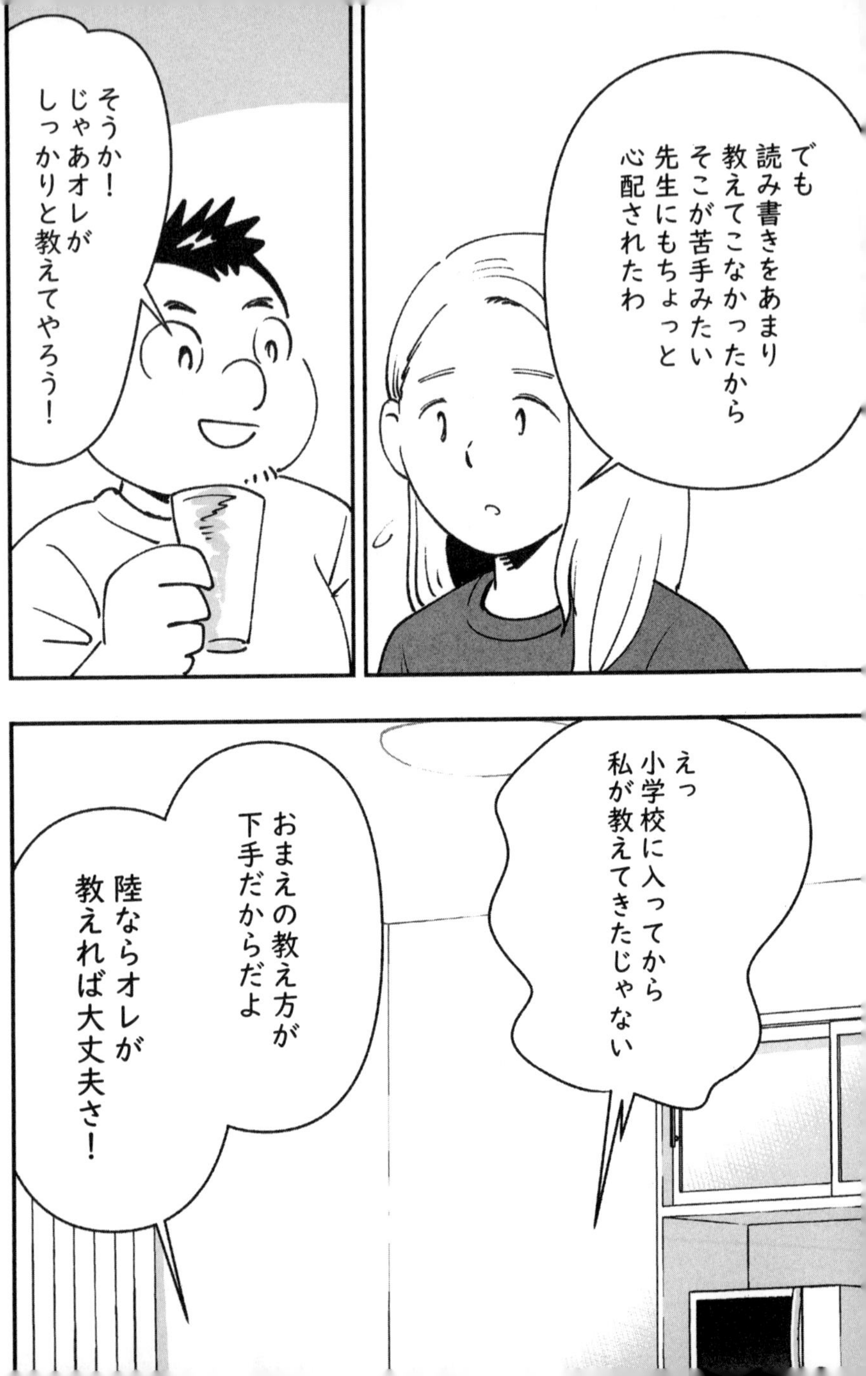
でも読み書きをあまり教えてこなかったからそこが苦手みたい先生にもちょっと心配されたわ
そうか！じゃあオレがしっかりと教えてやろう！
えっ小学校に入ってから私が教えてきたじゃない
おまえの教え方が下手だからだよ
陸ならオレが教えれば大丈夫さ！

22:38
何度も書いて読むんだ！これくらいはできて当たり前だからな！怠《なま》けちゃダメだ！
……もう できないよ
なに言ってるんだ！ほかの子はこれぐらいできてるぞ！悔《くや》しくないのか！根性《こんじょう》根性！
うっ
うっ…

おまえが保育園のころに勉強なんか小学校に入ってからでいいなんて言うからこんなことになるんだ！
なに言ってるの！あなたが陸にプレッシャーかけてばかりだから言葉だってひどくなったのよ！

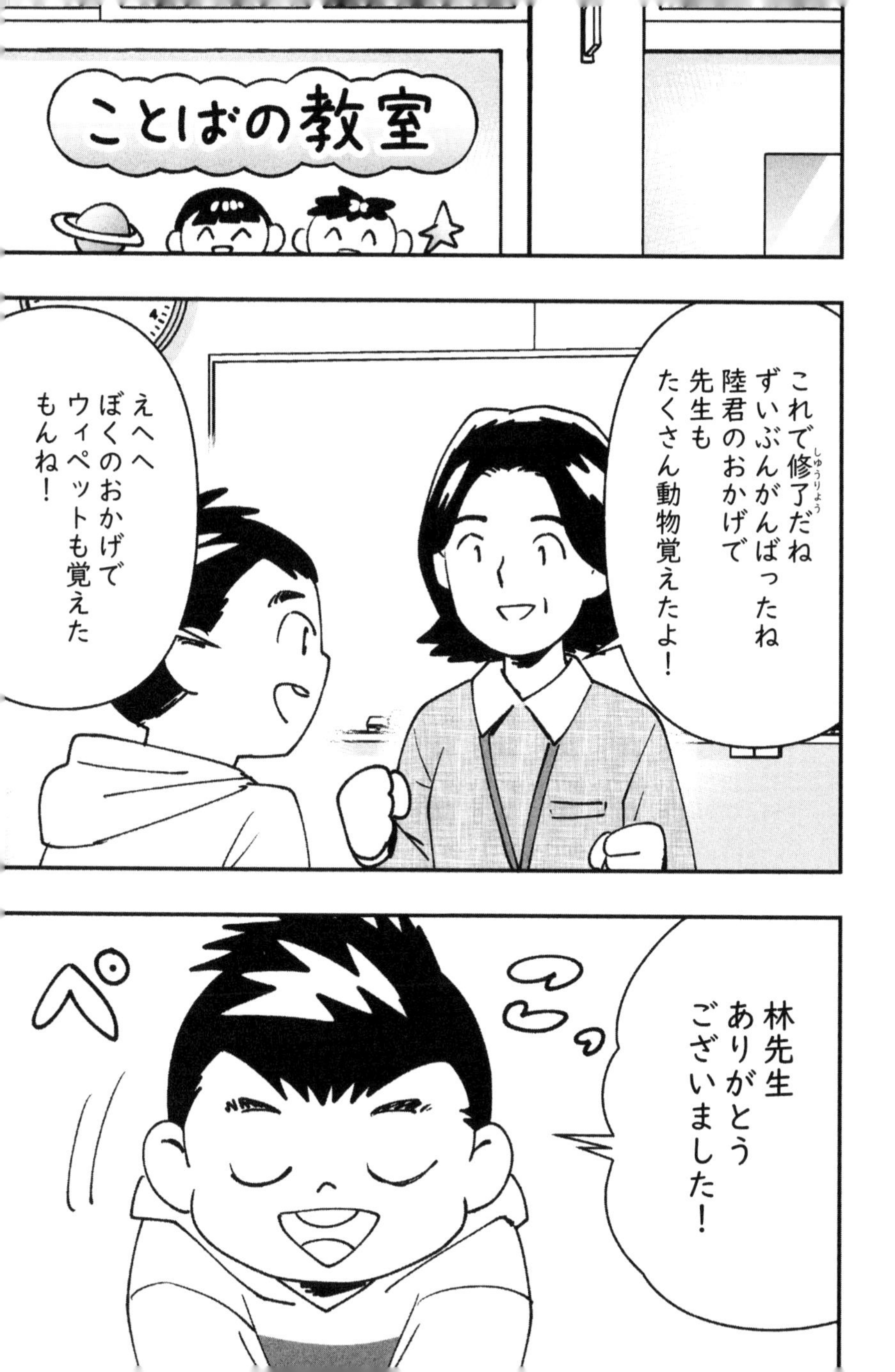
ことばの教室
これで修了《しゅうりょう》だね
ずいぶんがんばったね
陸君のおかげで
先生も
たくさん動物覚えたよ！
えへへ
ぼくのおかげで
ウィペットも覚えた
もんね！
林先生
ありがとう
ございました！
ペ

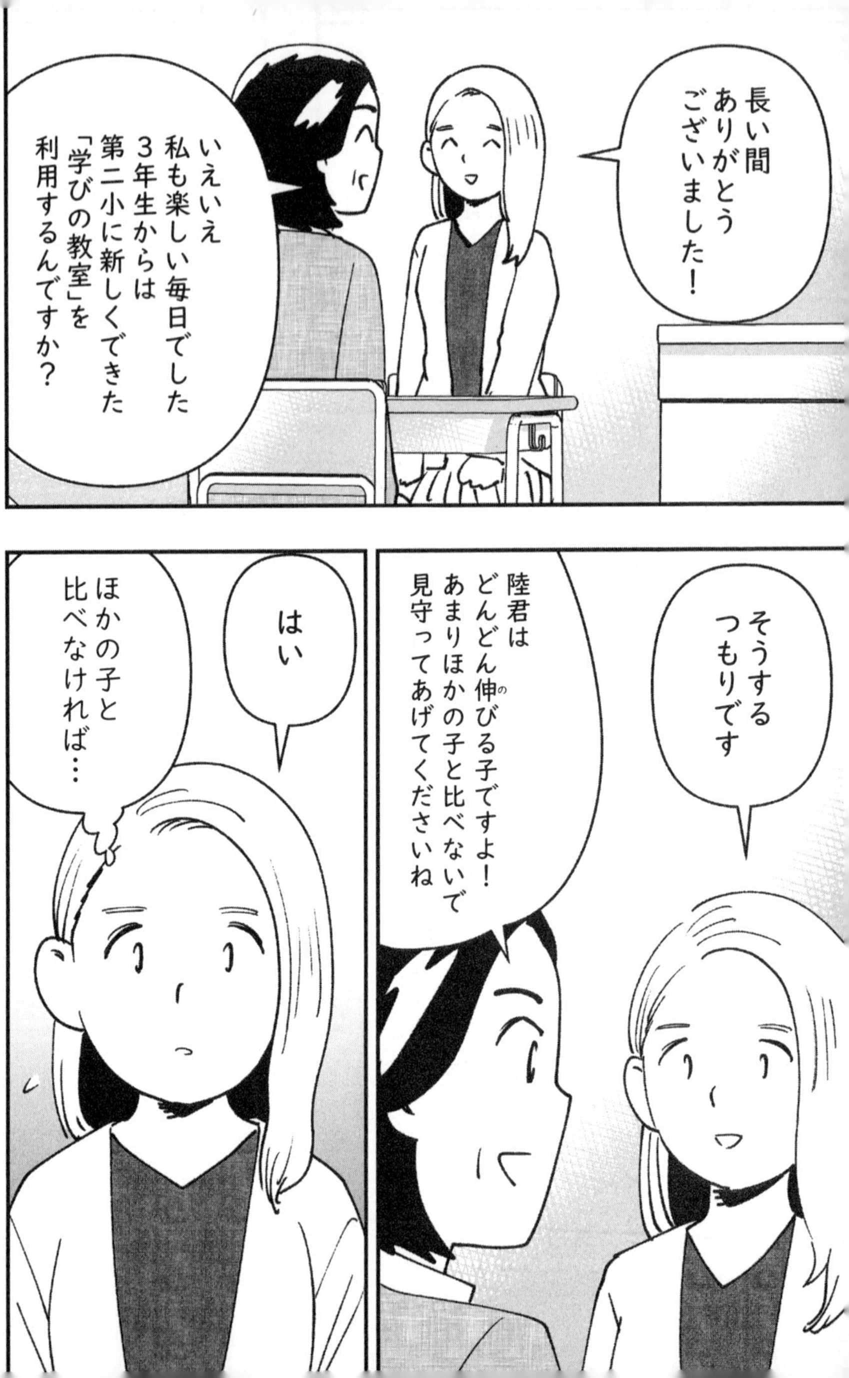
長い間ありがとうございました！
いえいえ 私も楽しい毎日でした 3年生からは第二小に新しくできた「学びの教室」を利用するんですか？
そうするつもりです
陸君はどんどん伸《の》びる子ですよ！ あまりほかの子と比べないで見守ってあげてくださいね
はい
ほかの子と比べなければ…

陸君第一小の「ことばの教室」はどうだった？
通級指導教室「学びの教室」
林先生が優《やさ》しかったです！
そうだったの！じゃぁ先生もいっぱいサービスしちゃうね！
サービス!?

陸君は今 困《こま》っている ことってある？
漢字が読めないから 読めるようになって パパに怒《おこ》られなく なりたい…
あら!? こわいパパなの？
ぼくに 漢字を覚えろって 言うときは… いつもは違うんだけどね
よしっ！ じゃあ陸君が パパに怒られなくなるように 先生も協力《きょうりょく》するぞっ！
おーー！

陸君は動物が好きなんだってね じゃぁ今日は動物について タブレットで調べてみようか
じゃーん
どんな事を調べる？
えっとね 世界中にどれくらい動物がいるのか！
強いのも 弱いのも かわいいのも
よし さっそく 調べてみよう！
えー!? こんなにいるの
そうだね 先生も初《はじ》めて 知ったよ！

でんっ
ただいまー！
ママ 地球上の動物って 何種類《しゅるい》いるか知ってる!? 130万種以上《いじょう》なんだって
だだだだだだ
ジャー
へー！ すごいたくさん いるんだね 誰《だれ》に教わったの？
自分で 調べたんだよ タブレットで

でも
そんな難《むずか》しそうなこと
読めたの？
きゅっ
うん
自分で読み上げアプリを
使ったんだ
話すと文字にも
できるんだよ！
へー
便利《べんり》なんだねぇ
ドリル
…パパは今日
残業《ざんぎょう》で遅いから
無理《むり》しなくても
いいんだよ
大丈夫だよママ
漢字の書き取りできる
ようになりたいし

パパが怒るからやってたんじゃないの？
……
怒られるのはいやだけど…
パパとママがケンカするのはもっといやだから…

今日
陸は一生懸命《いっしょうけんめい》
勉強していたわよ
ほかの子は
できてるんだから
当たり前だろ
陸はそうじゃないのよ
でも陸はあなたの
言いつけを守って
本当にがんばっているの
もぐ
もぐ
オレは
そうやってきた!
がんばるのが
当たり前だろ!
ずず
この人には
なんて言ったら
分かってもらえるん
だろう…

通級保護者会《つうきゅうほごしゃかい》
通級指導教室「学びの教室」
タブレットを間に入れるだけで理解《りかい》がずいぶんかわるんですね
スチャッ
そうなんです！メガネと同じですね
でも夫《おっと》はそこら辺《へん》を理解してくれなくて…
このお手紙をお父さんにも見せていただけますか

細川陸君のお父様、お母様へ
「学びの教室」授業参観のお知らせ
今回は、児童が発表や作品展示を行います。
陸君は自分で考えた将来の夢を発表します。
お忙しいとは存じますが、
ぜひお出でください。
発表会か 努力の成果《せいか》を発揮《はっき》する いい機会《きかい》だな 楽しみだ
陸の 将来《しょうらい》の夢《ゆめ》って なんなんだ?
私も 知らないわ

学びの教室
授業参観《じゅぎょうさんかん》
ぼくはは小さいころから動物が大好きでした
家には図鑑や絵本がたくさんあります

なんで動物が好きかというとぼくが動物の名前を言うとパパとママがうれしそうだったからです
私たちを
喜《よろこ》ばすためだったのか
3年前――
カラチュ！
カラチュ！
カー
カー
そうそう図鑑で見たカラスだねぇ
すごいな！
陸は分かってるんだね！

地球上の動物の絶滅危惧種《ぜつめつきぐしゅ》は二万八千もいるみたいです
ぼくは大きくなったらそういう動物を助けてあげる人になりたいです
カラチュ カラチュ

通級指導教室
「学びの教室」
先生さようならー
さようなら
陸君これを使って勉強したんですよ
これで…陸は陸のやり方でしっかり学んでたんですね
今日の発表で私も陸から優しさを学んだ気がします
《3巻へ続く》

保護者との連携

通級による指導《しどう》は基本的《きほんてき》には個別《こべつ》指導ですから、子どものつまずきに応《おう》じてオーダーメイドの指導を行います。このような指導を行うためには、通っている学校での様子、生活や学習での困難《こんなん》について把握《はあく》することが必要《ひつよう》ですが、家庭での様子についてもしっかり把握しておくことが大切です。子どもの生活全体の様子を確認《かくにん》しながら、どのつまずき、どの困難さから対応していくかを検討《けんとう》する必要があります。

多くの場合、つまずきや困難さは複数《ふくすう》ありますから、優先順位《ゆうせんじゅんい》をつけて取り組まなければなりません。そのためには、保護者《ほごしゃ》との連携《れんけい》は欠《か》かせません。単《たん》に情報収集《じょうほうしゅうしゅう》のためだけでなく、何から取り組むかの検討やどこまでの改善《かいぜん》を目指すかについて共通理解《きょうつうりかい》することが大切なのです。もちろん、保護者は家庭で指導するわけではありませんが、指導の目標《もくひょう》を理解しその内容《ないよう》に沿《そ》うような声がけや励《はげ》ましをしてもらうことは、とても大切な役割《やくわり》です。通級による指導は、限《かぎ》られた時間での指導です。その効果《こうか》を通っている学校や家庭でも発揮《はっき》できるようにすることが最終的《さいしゅうてき》な目標ですから、学級担任《たんにん》だけでなく保護者も重要な役割を担《にな》うパートナーなのです。そのことを十分理解し、保護者との連携に努《つと》める必要があります。

一方で、子どもが学校生活や家庭での生活でつまずきや困難さを抱《かか》えている場合、保護者もそのことについて心配したり悩《なや》んでいたりします。子どもの状態《じょうたい》の改善を目指した指導は、保護者の悩みや心配を解消《かいしょう》することにもつながります。そのことを意識《いしき》しながら、指導開始前の教育相談等では、保護者の思いをしっかり聞くことが重要です。限られた時間での指導だからこそ、親も子も安心して指導を受けることができるよう信頼関係《しんらいかんけい》を築《きづ》くことが大切です。

通級指導教室の担当者は、子どもや保護者の身近にいる存在《そんざい》です。そのことを意識しながら、「連携」を考えていきましょう。

2巻のあとがき
『みんなが輝《かがや》くために』第2巻《かん》をお手に取っていただきありがとうございます
原作者の梅田真理です
2巻では子どもたちのお話のほかに通級《つうきゅう》ができるまでの物語も描《えが》きましたがいかがでしたでしょうか？
1巻発行後いろんな方から反響《はんきょう》をいただいておりメディアでご紹介《しょうかい》の機会《きかい》をいただくことも！
現場《げんば》で活躍《かつやく》されている旧知《きゅうち》の東京・田中容子先生北海道・山下公司先生にご協力いただき2巻も発行まで至《いた》りました
みなさんのご意見ご感想も大変参考になっており創作《そうさく》の励《はげ》みとなっています
そして落語家の柳家花緑《やなぎやかろく》さんに推薦文《すいせんぶん》もいただきました！
花緑さんはディスレクシアを文化人で初めて公表され各地で発達障害《はったつしょうがい》の講演《こうえん》を行っておられます
3巻でもみなさんにお会いできるのを楽しみにしています！

通級のこと　もう少し知りたい！

梅田真理《うめだまり》先生が答える

Q and A

Q. 通級指導教室《つうきゅうしどうきょうしつ》はどこが作るの？お願《ねが》いすれば作ってもらえるの？

A. 通級指導教室は、基本的《きほんてき》にはその学校を管轄《かんかつ》する教育委員会が設置《せっち》（作ること）を検討《けんとう》します。設置には教室の確保《かくほ》や教室の設備《せつび》を整備すること、また担当《たんとう》教員の確保など予算がかかりますので、すぐに決められるわけではありません。通級による指導を受けたい等の希望《きぼう》を早めに学校に伝え、相談した上で学校を通して教育委員会へ申請《しんせい》することが必要《ひつよう》です。

Q. 通級による指導を受けるメリットとデメリットは？

A. 通級による指導は、子どもの困難《こんなん》に応《おう》じて特別《とくべつ》な教育課程《かてい》を編成《へんせい》し指導を行います。つまり一人ひとりに応じたカスタマイズした指導を行うのです。このことが一番のメリットです。デメリットは、在籍《ざいせき》する学級の授業《じゅぎょう》を抜《ぬ》けて指導を受けなければならないことでしょう。しかし、授業を抜けることへの配慮《はいりょ》は当然《とうぜん》在籍学級の担任《たんにん》が行いますし、またそのデメリット以上《いじょう》に個々《ここ》に応じた指導が有効《ゆうこう》である場合も多くあります。メリットデメリットを十分検討することが大切です。

Q. 通級の先生の専門免許《せんもんめんきょ》はあるの？

通級指導教室の担当者には、特別の免許は必要ありません。ただし、担当者になってから（都道府県《とどうふけん》によってはなる前に）研修《けんしゅう》を受けることは、多くの都道府県で必須《ひっす》となっています。また、各《かく》都道府県には通級指導教室の担当者による研究会も組織《そしき》されており、年間数回自主的な研修も行われています。担当者は、そのような研修に参加《さんか》し専門性《せんもんせい》を高めていきます。

Q. 通級指導教室の数は足りているの？

通級による指導を受けている子どもの数は年々増加《ぞうか》しており、特に発達障害《はったつしょうがい》を対象《たいしょう》とする通級指導教室の増加が著《いちじる》しいと言えます（文部科学省 .2019)。制度《せいど》や調査《ちょうさ》の方法《ほうほう》が変《か》わっているので一概《いちがい》に比較《ひかく》はできませんが、通級による指導開始当初《とうしょ》（1993）と比《くら》べると 10 倍近くの約123,000 人の子どもたちが指導を受けるようになっています。しかし、文部科学省の調査（2012）では、通常の学級に在籍する児童生徒《じどうせいと》の約《やく》6.5％が「発達障害が疑《うたが》われ特別の支援《しえん》が必要」とのことですので、実際《じっさい》には 60 万人近くの子どもが支援が必要であると推測《すいそく》されます。そのすべてが通級による指導を必要としているわけではなくても、まだまだ「足りない」状況《じょうきょう》であると考えられます。

【謝辞】
田中容子先生
山下公司先生

みんなが輝くために2

2020年10月9日　初版第1刷発行

【原作・著】
梅田 真理

【マンガ・イラスト】
河西 哲郎

【発行人】
山口 教雄

【発行所】
学びリンク株式会社

〒102-0076　東京都千代田区五番町10番地 JBTV五番町ビル2階
電話 03-5226-5256
FAX 03-5226-5257

【印刷・製本】
株式会社シナノ パブリッシングプレス

【表紙・本文デザイン】
藤島 美音、渡邉 幸恵、南 如子（学びリンク）

　ISBN 978-4-908555-38-1

ホームページ　http://manabilink.co.jp/
ポータルサイト　https://www.stepup-school.net/